"用学术讲政治"
教学改革研究

地方党校教学改革研究系列丛书

"用学术讲政治"教学改革研究

主　编／桑学成
副主编／胡志军　孙文华

中共中央党校出版社

图书在版编目（CIP）数据

"用学术讲政治"教学改革研究 / 桑学成主编 . -- 北京：中共中央党校出版社，2020.12

ISBN 978-7-5035-6480-2

Ⅰ. ①用… Ⅱ. ①桑… Ⅲ. ①中国共产党—党校—教学改革—研究—江苏 Ⅳ. ① D261.41

中国版本图书馆 CIP 数据核字（2020）第 231642 号

"用学术讲政治"教学改革研究

统　　筹	刘　君
责任编辑	卢馨尧　张翠侠
版式设计	一亩动漫
责任印制	陈梦楠
责任校对	马　晶
出版发行	中共中央党校出版社
地　　址	北京市海淀区长春桥路 6 号
电　　话	（010）68922815（总编室）　　（010）68922233（发行部）
传　　真	（010）68922814
经　　销	全国新华书店
印　　刷	中煤（北京）印务有限公司
开　　本	787 毫米 ×1092 毫米　1/16
字　　数	204 千字
印　　张	16
版　　次	2020 年 12 月第 1 版　2020 年 12 月第 1 次印刷
定　　价	55.00 元
网　　址	www.dxcbs.net　　邮　　箱：zydxcbs2018@163.com
微　信 ID：中共中央党校出版社　　新浪微博：@党校出版社	

版权所有·侵权必究

如有印装质量问题，请与本社发行部联系调换

目 录

代　序　党校教员要用学术讲政治……………………… 何毅亭 / 1

引　言　深入推进"用学术讲政治"教学改革

　　　　"一号工程"……………………………………… 桑学成 / 1

准确把握"用学术讲政治"的科学内涵…………… 章　凝 等 / 7

对标《纲要》和《大纲》 优化教学课程体系 …… 陈　蔚 等 / 22

党校教学贯彻习近平新时代中国特色社会主义

　　思想课程体系和教学大纲研究……………………… 王金水 / 43

"用学术讲政治"的类型划分与实现路径 ………… 梁三利 等 / 52

创新"教研咨一体化"体制机制研究……………… 胡宗仁 / 66

有效提高党校决策咨询的组织化水平研究………… 盛华根 等 / 82

提升组织化程度推动党校决策咨询高质量发展…… 薛　莉 等 / 94

加强教学专题学理支撑的对策研究………………… 华　涛 等 /104

党校科研成果评价与激励机制创新研究……………吴青熹 /120

党校学科建设更好服务主业主课研究……………张桂珍 等/136

党校教学质量评价与激励约束机制研究……………刘 伟 等/156

省情教学单元贯彻"用学术讲政治"研究…………李宗尧 等/176

经典著作导读教学单元贯彻"用学术讲政治"

 研究……………………………………………孙耀武 等/191

党性教育单元贯彻"用学术讲政治"研究…………周延胜 等/208

增强主体班教学的时代性针对性有效性研究………田 伟 等/220

后 记………………………………………………………… 242

代 序

党校教员要用学术讲政治

何毅亭

一个时期以来,我脑子里一直在想中央党校的课该怎么上,有什么样的要求和特点。前一段时间,中央巡视组对我们进行专项巡视,教学上坚持党校姓党、遵守政治纪律和政治规矩情况是巡视的重点内容之一。所以,政治上的要求,对于我们的教学来说是铁的规矩,要挺在前面。这方面的要求,主要是强调应当讲什么、不能讲什么,为教学活动划定红线和底线。至于怎么讲才能提高课堂教学水平,这是业务要求。也就是说,中央党校的课,既要有政治要求,也要有业务要求,两个要求加在一起,才是全面的要求。

中华传统文化讲究名分、讲究名正言顺。不要小看"中共中央党校"这简单几个字,它包含了我们这个单位的基本要素。都有哪些要素呢?第一个,中共中央,这四个字表明了我们的层级。我们学校的全称是"中国共产党中央委员会党校",一举一动代表的是党中央的形象。第二个,党,这个字是我们的"姓",也就是党校姓党。正如习近平总书记说的:"如果党校不姓党了,那党校就没有必要存在了。"第三个,校,这个是我们的"名",也就是说我们是一所学校,是一个教学场所,任务是培训教育干部,提高他们的理论水平、党性修养和能力素质。这三个要素结合起来,表明我们中央党校是党中央建立起来、用来培训轮训党的高中级干部的地方。这样一个名称，包含了对我们各项工作的要求，当然也包含了对教学工作的要求。我们每天进出校门，校名碑无时无刻不在提醒和督促我们每一名教职工认清自己肩负的责任和担当。

党校姓党，决定了党校的一切活动，包括教学活动，必须"坚持以党的旗帜为旗帜、以党的意志为意志、以党的使命为使命，严守党的政治纪律和政治规矩，坚持在党爱党、在党言党、在党忧党、在党为党，归根到底一句话，就是要在思想上政治上行动上自觉同党中央保持高度一致"。这是习近平总书记在全国党校工作会议上明确提出的要求。我们在落实这个要求上决不能打折扣、搞变通。

党校姓党，重要的是处理好遵守政治纪律和解放思想的关系。对此，习近平总书记说得十分透彻。他说："在党校讲台、公开场合对重大政治和理论问题发表观点和看法，应该自觉维护党的威信、维护党中央权威，自觉维护党校形象。我们说学术探索无禁区、党校讲课有纪律，但'无禁区'也不是绝对的，反对四项基本原则的言行，违反党的理论和路线方针政策的错误观点，无论公开还是私下里，在党校都是不允许的。这是党的政治纪律，党校必须模范遵守。"他还强调，"我们鼓励和支持解放思想，鼓励和支持对有关政策进行分析评估，但要把握好政治立场的坚定性和科学探索的创新性的有机统一，不能把探索性的学术问题等同于严肃的政治问题，同时也不能把严肃的政治问题等同于探索性的学术问题。不能一说学术问题可以研究，就不顾场合无遮拦乱说一气，也不能为了沽名钓誉而标新立异。"总书记讲得这么清楚，我们的教师都能听得懂，都必须不折不扣地贯彻和实践。

最近，我翻看2013年教务部编辑的《老讲稿》，发现党校历史上

代　序　党校教员要用学术讲政治

的名师大家，都能既把课讲得有声有色、生动活泼，给人以真理的启迪，又能坚守党校姓党原则，坚守政治纪律和政治规矩。而我们现在也有不少老师课讲得很好，也不是靠哗众取宠、靠政治上冒泡儿去赢得学员敬重。韩树英老师说得好："对党校教师而言，首先要解决的问题就是党性，没有党性的或党性不够的，休想当中央党校的教师。"这话说得掷地有声，我是赞成的。中央党校的教师上课，讲出质量，讲得好，那是职责所在，要不怎么叫"中央党校"的教师，怎么体现"中央党校"的水平呢？我们的教师上课，遵守纪律，讲究规矩，也是职责所在，要不怎么叫"党校"，叫"党的学校"呢？所以，我们的教师一定要端正认识，把讲政治和讲好课有机统一起来，时刻绷紧政治这根弦。我们要加强对党校课堂、论坛、座谈会和媒体的管理，不允许出现杂音、噪音，对党和国家工作大局造成干扰。上学期，我们已经分别颁布关于严明校内讲课纪律、校外讲课及学术活动纪律，希望大家严格遵守。学校各有关部门和单位要严格执行，加强管理和监督。

中央党校是一所"学校"，这就决定了我们讲政治，不是就政治讲政治，而是要用学术讲政治，要对党的思想理论和中央重大决策部署进行学理阐释，讲出"所以然"，用理论的力量、思想的力量引导学员对马克思主义及其中国化成果做到真学、真懂、真信、真用。我听过张绪文老师讲课的故事。大概是2003年，我们中青班全部课程结束后，在学校召开的小型座谈会上，一位学员说："如果像张绪文老师这样讲《费尔巴哈论》，相信马克思主义的人会多起来的。"还有一次，她给中青班学员讲《费尔巴哈论》，课后有位来自上海的学员递上一张名片并在背面写道："张教授，听了您的课，我才感到从思想上真正入了党。"其实，在张绪文老师的课里，并没有具体说共产党员应当如何、党性应当如何这样口号式的东西，而是用经典著作的真理力量触动了学员。中央党校有完备的学科体系，一些学科还有一定特色和优势；又集聚了一批理论专家，一些人在党内和社会上还有较高声望。有这些作为基础和支撑，我们完全有条件用学术讲好政治。

要讲出理论的力量、思想的力量，就必须加大教学的科研含量。我听到一些学员反映，觉得现在党校有的教师课堂教学的科研含量不高，授课内容不够厚重，存在用文件解读文件的现象，学员听了不解渴；有的教师对学员关注的问题回应不够，授课的针对性实效性有待提升。这些反映很值得我们深思。我们现在的学员知识水平和理论水平比较高，教师课堂上是讲自己的研究心得还是拼凑别人的观点，是经过深思熟虑还是浮在表面，一听就能听得出来。这样的反映，对我们的教学既是一种压力，也是一种动力。如果对讲题没有扎实的科研基础，就不可能讲出厚重来，就不容易让学员信服。

加大教学的科研含量，首先我们的教师就要有时间搞科研，舍得花力气做学问。屁股坐不下来，学问是不会自动长在我们脑子里的。中央党校搞教学和智库建设创新工程，一个很重要的考虑，就是推动教师能够坐下来搞科研，用创新成果深化教学。教学出题目，科研做文章。习近平总书记在全国党校工作会议上讲了"十三个如何"，这是社会上普遍关注的问题，也是学员高度关注的思想理论问题，就有必要深入研究。再具体一点，教学中哪些讲题是薄弱环节，学员从实践中带来了哪些重大理论问题和现实问题，也都有必要作为科研课题深入研究，作出有针对性的回答。教务部门要及时安排那些教学针对性强的科研课题进课堂，科研部要把进课堂的效果作为科研成果等级评价的重要指标。同时要切实改进我们的教学评估，明确加大"学术支撑"指标的权重,对教师讲课有没有独到见解进行评价,真正形成重视教学科研含量的导向。

中央党校的课堂,虽然教师本人是主角,但他是代表中央党校在讲,代表中央党校某个教研部在讲,体现的是中央党校的形象和水平。讲得好,是为学校争光,也是为教研部争光。讲得不好,教师本人脸上无光,也有损中央党校的形象。所以,搞好教学是我们大家的集体责任,这也是我们之所以多次强调要加强集体备课的根本原因。我了解到,各教研部在落实集体备课中做法并不一样,有些抓得比较实、比较细,效果好些,有些效果就差一些。集体备课至少要在这几个层次上抓好。第一层,教研室一级,特别是室主任作为学术带头人,要把好学术关,杜绝出现学术硬伤;第二层,部领导一级,一定要把好政治关,不能在遵守政治纪律方面出问题;第三层,在正式上讲台前,不管是不是这个专业的,大家都可以一起提提意见,看看哪些地方需要改进、需要补充,集思广益。对新讲题、新人、新课,分管教学的部主任和教研室主任一定要层层把关。这要形成制度。我们还有些专题是外请老师,这是需要的,但不能长期外请,还是要注重培养中央党校自己的教师。当然,教师自身首先要努力,教研室和教研部更要在集体备课上花些功夫,帮助教师尽快成长。

我们的教学工作会每学期开一次,每次会上都会有所侧重地列举一些问题,提出一些改进措施。问题列出来了,解决了没有?措施提出来了,落实得怎么样?2016年7月,我们在教学工作会议上着重讲了大力度提升中央党校课堂教学水平问题,讲话稿事先征求了校委成员的意见,因此也代表了校委会的看法。会上提出了加大讲题竞标力度、加大末位调整力度等改革,提出了举办教学辅导讲座、组织教师专题读书论坛、定期组织公开评课等举措,不知道落实情况怎么样、效果如何,教务部门有必要做一个评估。

(本文系何毅亭同志 2017 年 1 月 18 日在中央党校教学工作会议上的讲话,原载《学习时报》2017 年 3 月 3 日第 A5 版,发表时略有删节)

引 言

深入推进"用学术讲政治"教学改革"一号工程"

桑学成

2018年12月全国党校（行政学院）系统第七次教学改革研讨会，对深入推进"用学术讲政治"教学改革"一号工程"作出了部署安排。为深入推进这一工程，2019年3月，中共江苏省委党校（江苏行政学院）成立了专门的工作委员会，加强对这项工作的组织领导。同时出台《关于深入推进"用学术讲政治"的实施办法》，开展"用学术讲政治"教学改革专项课题研究，旨在通过加大激励约束，着力营造浓厚的氛围，进一步凝聚推进"一号工程"的思想共识和行动自觉，加快形成推进"一号工程"的制度体系和强大合力。

一、深化教学研究，是推进"一号工程"建设往深里走、往实处去的重要举措

"用学术讲政治"教学改革，是党校（行政学院）一场全方位、根本性的变革。推进"用学术讲政治"教学改革"一号工程"，将为干部教育培训的教学管理、教学效果和教学质量等带来深刻变化。推动高质量办学走在前列，必须推进"一号工程"往深里走、往实处去。

首先，以"用学术讲政治"为主题开展教学改革专项课题研究，

是破解"一号工程"建设难题的具体举措。只有深入研究"一号工程"面临的种种难题，切实找到破解相关难题的办法，才能顺利推进"一号工程"往深里走、往实处去。从这次设立的专题来看，都紧紧围绕了"用学术讲政治"这一主题。"党校教学贯彻新思想课程体系和教学大纲研究"是我们"用学术讲政治"要解决的首要问题，我们安排了两位教研部主任牵头进行研究。其他九个题目都与"用学术讲政治"密切相关。课题组所梳理出来的问题，提出的解决问题的办法，为破解"一号工程"难题提供了很好的思路。

其次，组织实施"用学术讲政治"专项课题研究，是进一步形成推进"一号工程"浓厚氛围的迫切需要。自从中央党校提出"用学术讲政治"的要求以来，我校着力营造推进"一号工程"的氛围，及时细化贯彻意见，多次召开会议传达文件，组织讨论，在一定范围形成推进"一号工程"的氛围，但仍存在诸多问题。作为推进"一号工程"主体，不少教师还存在不愿、不会和不敢"用学术讲政治"的情况，教学的科研含量不高、授课针对性不强等问题还比较普遍，不少教师对"用学术讲政治"存在畏难情绪，这就需要我们进一步加大宣传，进一步深化推进"用学术讲政治"改革力度，进一步在全校形成"用学术讲政治"的浓厚氛围。这次教学专项课题的组织，有15个课题组，近60位教师参加，还不包括接受调研的教职员工。这么多教师和有关部门的同志参加研究，本身就是一个深入理解"用学术讲政治"的过程，相信通过这次的课题研究，一定能有力推动"用学术讲政治"的氛围在我校更加浓厚。

最后，组织实施"用学术讲政治"专项课题研究，也是促进我校主题教育整改落实的具体举措。校委在主题教育中坚持统筹推进，坚持把"改"字贯穿始终，真改实改、攻坚克难。校委一班人通过学习

引　言　深入推进"用学术讲政治"教学改革"一号工程"

调研、检视反思我校高质量办学与中央和省委要求的差距，查找出用学术讲政治存在差距的问题；从主题教育一开始就整改。一方面通过建章立制，深入推进教学改革"一号工程"；另一方面，继续发扬刀刃向内的自我革命精神，通过开展教学改革专项课题研究，汇聚广大教职员工的力量，深入剖析推进教学改革"一号工程"存在的问题，帮助破解推进教学改革"一号工程"体制机制方面存在的深层次问题，推动"一号工程"改革往深里走，往实处去。

二、着眼成果运用，加快形成"一号工程"建设务实管用的制度体系

制度具有规范性、根本性和长期性的特点，深入推进"一号工程"，推动高质量办学走在前列，离不开发挥好制度的保障作用。我们要进一步强化制度建设，切实明确工作导向，使推进"一号工程"成为广大教职员工的思想自觉和行动自觉。

首先，要切实做好已经出台各项制度的贯彻工作。今年以来，在广泛征求教研部门意见的基础上，校委出台了《关于深入推进"用学术讲政治"的实施办法（试行）》《推动科研高质量发展实施办法（暂行）》等系列文件。这些文件，突出"教研咨一体化"工作导向，都是满满的干货，既有花钱的激励，也有不花钱的激励。既加大了对"用学术讲政治"成果业绩的综合激励力度，又进一步强化了对"用学术讲政治"落实不力的约束措施，对教师的教学科研都提出了明确要求。总的来看，校委出台这些文件，就是要通过制度进一步明确教学科研的工作导向，激发教职员工投身教学科研的积极性、主动性，实现学校的目标

和个人努力方向的高度契合、有机统一，使广大教师员工有更多的获得感、幸福感，把教师的主要精力集中到教学科研上来，集中到"用学术讲政治"上来，鼓励引导教师、教研部门紧紧围绕"用学术讲政治"要求开展教学培训和科研决策咨询工作，力争多出成果、出好成果。

其次，要推动研究成果向制度转化。前一阶段出台的政策，只是初步的制度安排，我们还要进一步加大探索的力度，使之形成务实管用的制度体系。这次我们花大气力组织教学改革专项课题，不是为了研究而研究课题，而是要通过研究切实破解难题，指导工作。这次参与课题研究的教师，都是我校教学科研的中坚力量，他们对党校教学科研面临的问题最熟悉，所提出的对策建议和思考也很有针对性。我们要认真吸收课题研究的成果，切实做好研究成果的转化工作。有关职能部门要在前期相关制度的基础上，对相关的政策建议认真进行梳理，切实吸收好研究的成果。要对照推进"一号工程"建设往深里走、往实处去的要求，切实建立以"用学术讲政治"为导向的教学科研质量评价体系，修订完善教学科研管理办法，把教学质量与课堂准入、教学评优、绩效考核、职称评聘等有机结合起来，出台"教研咨一体化"、教学质量评价与激励约束机制、科研成果评价与激励机制、决策咨询组织管理、学科建设等相关制度，形成系统的推进"一号工程"、推动高质量办学走在前列的制度体系。

三、形成强大合力，举全校之力推动教学改革"一号工程"落细落实

"上下同欲者胜，风雨同舟者兴"。"用学术讲政治"教学改革既

引　言　深入推进"用学术讲政治"教学改革"一号工程"

是党校的"一号工程",也是一项系统工程,需要全校各部门主动作为,协同配合,形成合力。

党校教师作为"用学术讲政治"的主体,要强化"用学术讲政治"的思想自觉和行动自觉,做到旗帜鲜明讲政治,严格遵守政治纪律和政治规矩;要自觉对照"用学术讲政治"的各项要求,在强学术上下功夫。特别要加强对习近平新时代中国特色社会主义思想的学习,在学习中走在前列,在研究中当好示范,在学懂弄通做实上先人一步,为用好学术讲政治奠定坚实的基础。教研人员尤其是青年教研人员,一定要在学术上下功夫、肯钻研,苦练学术内功,树立精品意识。要沉下心来研读马克思主义经典著作,从中汲取经验和智慧,努力提高对党的思想理论和中央、省委重大决策部署进行学理化阐释的能力和水平,不断增强"用学术讲政治"的本领。

教研部门在推进"用学术讲政治"教学改革"一号工程"中肩负着关键的责任,教研部门负责人是决定"用学术讲政治"推进质量的"关键少数"。"关键少数"的"关键责任"如果体现不充分,"用学术讲政治"就难以点带面全面持续地推开。各教研部负责人要率先垂范,不仅要肩负起带头"用学术讲政治"的责任,而且要肩负起带好队伍的责任。要把校委关于"用学术讲政治"的具体要求落到实处。切实加强思想教育、认真组织集体备课,引导教师转换教学思维和教学方式,从讲政治、懂学术、提能力三个层面树牢"用学术讲政治"理念,突出问题导向、寻找学术接口、构建学理框架,用真招实招提高本部门教师的学术水平,帮助教师不断增强"用学术讲政治"的本领。

推进"用学术讲政治"教学改革"一号工程",职能部门责无旁贷。教学督导组要把"用学术讲政治"作为督导工作的重中之重,及时发现、研究和解决课堂上贯彻"用学术讲政治"的亮点、难点、痛点和堵点问题，指导教师提高"用学术讲政治"的能力和水平。人事处、教务处、科研处和相关职能部门都要主动围绕"用学术讲政治"的目标要求，找准自己的职能定位，创造性地开展工作，为教师开展用"学术讲政治"工作创造条件和提供平台。要搭建学术交流平台，经常性地开展经典讲读和学术交流活动，着力营造浓厚的学术氛围，为推进"用学术讲政治"教学改革"一号工程"走深走实提供强有力的保障。

深入推进"用学术讲政治"的教学改革"一号工程"，是我校推进高质量办学的一项长期任务。全体教职员工要牢固树立"用学术讲政治"理念，切实贯彻"用学术讲政治"的要求，主动思考、主动研究，实现教学、科研、决策咨询的良性互动，增强"用学术讲政治"的本领，为推动我校高质量办学走在前列积极贡献智慧和力量。

（本文系桑学成同志2019年8月27日在中共江苏省委党校（江苏行政学院）教学改革专项课题研究成果汇报交流会上的讲话，发表时略有删节）

准确把握"用学术讲政治"的科学内涵

2017年1月在中央党校教学工作会议上，何毅亭同志指出：中央党校是一所"学校"，这就决定了我们讲政治，不是就政治讲政治，而是要用学术讲政治，要对党的思想理论和中央重大决策部署进行学理阐释，讲出"所以然"，用理论的力量、思想的力量引导学员对马克思主义及其中国化成果做到真学、真懂、真信、真用。2018年中共中央颁布《2018—2022年全国干部教育培训规划》明确指出：做好新时期干部教育培训工作，要着力提高教师用学术讲政治的水平。这就把"用学术讲政治"上升为中央的要求，成为新时代党校教学改革的基本方向和基本遵循。

一、"用学术讲政治"的必要性

（一）牢固树立"四个意识""两个维护"政治责任的需要

党的十八大以来，党中央鲜明强调"四个意识""两个维护"，提出一系列明确要求，取得的效果是非常明显的。正因为全党上下团结一心、步调一致，我们才解决了许多长期想解决而没有解决的难题，办成了许多过去想办而没有办成的大事，推动党和国家事业取得历史性成就、发生历史性变革。强调"四个意识"和"两个维护",目的是把全党思想统一到党中央的集中统一领导上来。为此,中央专门出台《中共中央政治局关于加强和维护党中央集中统一领导的若干规定》。基于这样一个背景,提出"用学术讲政治",目的是强化党校教师的政治责任,提高政治能力,从而为领导干部深入贯彻落实党中央决策部署,贯彻新发展理念,应对新形势新挑战提供坚强的政治保障和思想保障。

(二)党校特殊地位决定的基本使命

习近平总书记一再强调,党校不是重在传授知识的普通高等学校,党校教育要突出马克思主义理论教育和党性教育。现在,形势和任务发展很快,知识更新周期大大加速,领导干部都面临扩大知识面的任务,但这个任务主要不是党校来承担,或者说不是党校主要在做的事。党校的主要任务,是提高领导干部的马克思主义理论素养和党性修养。这一点一定要十分清楚,一定要牢牢把握,一定要始终坚持。

党校姓党,这就决定了党校必须讲政治,必须有鲜明的政治立场。正如习近平总书记在全国党校工作会议上要求的:党校必须"坚持以党的旗帜为旗帜、以党的意志为意志、以党的使命为使命,严守党的政治纪律和政治规矩,坚持在党爱党、在党言党、在党忧党、在党为党,归根到底一句话,就是要在思想上、政治上、行动上自觉同党中央保持高度一致"。

党校是校,作为学校决定了其学术的特性,因而党校讲政治体现在课堂上、教学中就是"用学术讲政治",对党的思想理论和中央重大决策部署进行学理上的阐释，讲出"所以然"。帮助学员真学、真懂、真信、真用。

（三）党校主体班教学改革的基本方向

推进党校主体班教学改革，这是新时期党校实现高质量办学的必然要求。"用学术讲政治"不仅是一种教师讲课的方法，也是一种分析解决现实问题应该借鉴的方法。新时期党校主体班面临着全方位的变革，以带动教学质量变革和教学效果变革，一个基本的抓手就是"用学术讲政治"，从而提升教学培训质量，提高教学培训的针对性和有效性。

二、用"学术讲政治"的科学内涵

从普遍性来看，党校作为轮训党员干部的学校，教学与科研是党校事业的基础；从特殊性来看，党校的"不一般"恰恰说明了党校的本质所在，即"党校姓党"，作为本质的"特殊性"界定，自然会反映在对"普遍性"的要求上。而这一要求必然会落脚于党校教学科研、办学活动等一切工作上来。从功能层面看，党校是培训党员干部的学校，是研究宣传习近平新时代中国特色社会主义思想、推进党的思想理论建设的重要阵地；从实践层面看，党校一切工作又体现为政治性实践。通俗地讲就是要凸显党校普遍性的"学校"属性，又同时要凸显党校特殊性的"姓党"属性，又以"学校"为其功能属性、"姓党"为其本质属性，功能属性的外化即为"用学术"，本质属性的外化即为"讲政治"，二者从逻辑上紧密相连、不可分离。

（一）"学术"的科学内涵

何谓"学术"？蔡元培认为，"学与术可分为两个名词，学为学理，术为应用"，认为纯粹科学与哲学为"学"，以"学理"与"适用"为目的则为术，"学必借术以应用，术必以学为基本，两者并进始可"，蔡元培将学术分为以探究"学理"为主的"学"与以"适用"为目的的"术"。我国近代是传统学术向现代学术的过渡期，此间形成的"学理"诉求与"独立"诉求为"学术"奠定了内在特质。但现代学术的存在与发展又离不开社会之"用"，从此角度来界定"现代学术"，大体可形成如此共识，即：现代学术是"独立"探索"学理"，开展科学性的研究，其研究成果又应用于社会服务与人才培养。可见，学术的核心要义在于学术积淀、学术框架和学术视角，任何对学术的使用和要求都离不开这三个要点。

（二）"讲政治"的科学内涵

从目的上看，"讲政治"就是通过理论上的解读、学理上的探究来实现学员政治上与党性上的坚定，用"学术"讲清楚"政治"的要求。正如习近平总书记所讲："政治上的坚定、党性上的坚定都离不开理论上的坚定。"[①] 要实现学员"政治上与党性上的坚定"。首先要为人师者的党校教师自身的"坚定"，此目的又体现为要求，根本要求就是党校一切的教学活动、一切工作的前提在于"政治上与党性上的坚

---

① 中共中央党史和文献研究院、中央"不忘初心、牢记使命"主题教育领导小组办公室编：《习近平关于"不忘初心、牢记使命"论述摘编》，党建读物出版社、中央文献出版社2019年版，第67—68页。

定",就是要"旗帜鲜明讲政治",态度上不能模糊,要"旗帜鲜明",内容上不能跑偏,要始终围绕"讲政治"。"培养造就一支具有铁一般信仰、铁一般信念、铁一般纪律、铁一般担当的干部队伍",是党组织培养教育党员干部的最终目的,反之也是作为党组织培养教育党员干部的教育主体的立身之本,落脚点就是"旗帜鲜明讲政治"。而"一些人在党校讲课时传播西方资本主义价值观念,有的口无遮拦、对党和国家大政方针妄加议论,有的专门挑刺、发牢骚、说怪话,有的打着党校的金字招牌随意参加社会上不伦不类的活动",就是典型的不讲政治,典型的违反政治规矩与政治纪律。

从内容上看,"讲政治"作为目的决定了党校课堂讲授的内容是讲党的意识形态、党的创新理论、党的决策部署。因而,理论教育、信仰教育、党性教育构成"讲政治"的基本主体,但是党校课堂"讲政治"不同于中央文件讲政治,不同于宣讲讲政治,要讲出政治背后的东西,讲出政治的"所以然",这是我们理解"讲政治"的基础。

(三)"用学术讲政治"的科学内涵

第一,"用学术讲政治"就是要讲清"政治"背后的"理",以"理"方可服人育人。讲清了"理",自然会彰显政治理论的力量、政治思想的力量,方可让学员真学、真懂、真信、真用,实现党校培养好党员干部的根本目的。"用学术"说到底就是讲清"所以然",让学员能"知其然又知其所以然"。正如习近平总书记强调的:"学习新时代中国特色社会主义思想,要深刻认识和领会其时代意义、理论意义、实践意义、世界意义,深刻理解其核心要义、精神实质、丰富内涵、实践要求。要紧密结合新时代新实践,紧密结合思想和工作实际,有针对性地重点学习，多思多想、学深悟透，知其然又知其所以然。"①

第二，"用学术讲政治"就是要运用好学理讲清楚"讲政治"的要求。 学术探索无禁区、党校讲课有纪律，但"无禁区"也不是绝对的，不能以"学术"为由，行不"讲政治"之实。反对四项基本原则的言行，违反党的理论和路线方针政策的错误观点，无论公开还是私下里，在党校都是不允许的。这是党的政治纪律，党校必须严格遵守。

第三，"用学术讲政治"就是要以解决政治问题为核心探索学术工具。 不可置疑的是，从中央到地方各级党校，讲政治是其一切教学科研活动的底线。但要真正有效讲清楚政治的要求，必须寻找、创新学术框架和学术工具，甚至是围绕政治目标创造崭新的学术工具。因此，"用学术讲政治"内在地要求创新创造学术工具和学术框架。针对课堂理论不能有效满足现实需要的问题，何毅亭指出：现在党校有的教师课堂教学的科研含量不高，授课内容不够厚重，存在用文件解读文件的现象，学员听了不解渴；有的教师对学员关注的问题回应不够，授课的针对性实效性有待提升。王东京指出：党校教师不仅要理直气壮讲政治，而且要用学术讲政治，不仅要讲中央精神是什么，而且要讲中央精神背后的学理是什么，要回答为什么。并围绕"不用学术"列举三点现象：其一，讲中央精神，用文件解读文件不是用学术讲政治；其二，讲重大现实问题，用事实解释事实不是用学术讲政治；其三，无论讲理论问题还是讲现实问题，如果只是引用经典著作的个别词句也不是用学术讲政治。这表明，"用学术讲政治"内在地要求

---

① 中共中央党史和文献研究院、中央"不忘初心、牢记使命"主题教育领导小组办公室编：《习近平关于"不忘初心、牢记使命"论述摘编》，党建读物出版社、中央文献出版社2019年版，第68页。

以解决政治问题为核心探索学术工具，舍此之外，都不是真正的"讲政治"。

第四，"用学术讲政治"就要遵循"主阵地"的办学规律。"用学术讲政治"，就是"用学术"与"讲政治"二者的辩证统一，且要统一于党校一切工作中。正如习近平总书记指出的："要把握好政治立场坚定性和科学探索创新性的有机统一，不能把探索性的学术问题等同于严肃的政治问题，也不能把严肃的政治问题等同于探索性的学术问题。"① 党校教师要坚持"用学术"的探索性与"讲政治"的严肃性相统一，坚守政治立场，严守政治规矩是立身前提，探究学理、开展科学性研究是业务本分。以习近平新时代中国特色社会主义思想教学为例，就是要讲清其时代意义、理论意义、实践意义、世界意义，深入研究其核心要义、精神实质、丰富内涵、实践要求。又要紧密结合新时代新实践，紧密结合自身学术背景，运用学术"手段"，有针对性地重点研究，授教者既要"知其然又知其所以然"，更要用学术语言、政治语言、艺术语言讲清其"所以然"，从而帮助学员"往深里走、往实里走、往心里走"，做到学、思、用贯通，知、信、行统一。

三、"用学术讲政治"的难点

（一）难点之一：懂政治

懂政治是"用学术讲政治"的前提。目前存在的问题是大部分教

---

① 习近平：《在全国党校工作会议上的讲话》，人民出版社2016年版，第12页。

师仅仅停留在"知道政治"这个层面，并没有真正做到"懂政治"。因此，在教学中涉及到政治的时候往往停在引用文件和领导讲话层面，用文件讲政治，用领导讲话讲政治。满足于知道中央、省里相关文件说了什么，缺乏深刻、全面的理解。尤其一些年轻教师对中央和省里的精神研究不够、理解不透，对政治缺乏全面深入的了解，结果是为解释而解释、为宣传而宣传，很难打动学员，很难让学员信服。

懂政治的"懂"，表现在教师必须吃透政治的立场观点方法。否则很难真正理解政治、懂政治，因此，对党校教师来说必须下功夫掌握党的基本指导思想，才能弄懂政治、理解政治。许多教师不缺乏专业知识，但缺乏基本理论功底，也就缺乏必要的立场观点方法，因而也就缺乏讲政治的基础。作为党校教师，应当具有坚定的理想信念、高尚的道德品格，保持政治定力、把握政治方向。只有这样才能有科学的立场观点方法，才能有与党校教师相匹配的政治品格和党性修养，才能通过自身去感染学员、教育学员、引导学员，才能真正讲好政治。

懂政治的"懂"，还表现在教师必须吃透政治的来龙去脉。作为党校教师必须熟悉政治的规律和发展过程。党和国家一个政策的出台、一个命题的提出，对党校教师来说不仅要知道它讲了什么，而且要知道它是怎么来的。党校的许多精品课并没有太高的讲课技巧，但往往深受学员的好评，根本原因就在于他们能把政策和路线的来龙去脉梳理得很清楚。来龙去脉讲清楚了，学员对政治的理解才能深刻，才能正确地加以运用。要吃透政治的来龙去脉，必须花功夫去研究、去比较、去思考。中国特色社会主义是我们党改革开放以来全部理论和实践的主题。但我们如何才能把"坚持和发展中国特色社会主义"讲清楚？《习近平总书记系列重要讲话读本》中的相关论述，从空想社会主义的产生和发展、科学社会主义理论体系的创立、十月革命胜利和社会主义实践、苏联模式逐步形成、新中国成立后我们党对社会主义的探索和实践、中国特色社会主义的开创和发展这六个时段，讲清楚了社会主义思想从提出到现在500年的历史发展进程。《习近平新时代中国特色社会主义思想三十讲》第二讲则从改革开放40年的伟大实践、中华人民共和国成立近70年的持续探索、党领导人民进行伟大社会革命90多年的实践、近代以来中华民族由衰到盛170多年的历史进程、中华文明5000多年的传承发展，这五个维度讲清楚了中国特色社会主义的历史渊源和发展演进。把历史维度讲清楚了，来龙去脉就清楚了，就容易把讲政治讲透。党校教师一定要有这个基本功。

懂政治的"懂"，又表现在教师必须要吃透政治的本质和核心。如果缺乏对政治本质和核心的认知和理解，就很难真正做到懂政治，就会对重大核心的问题、对党的重大理论创新和实践成果、对中国特色社会主义理论体系缺乏必要的认知和深度理解，甚至还会出现不应有的误解和讹错。对党校教师来说，要用做学问的方式去研究政治，去吃透本质。只有掌握了政治的立场观点方法，弄清楚了政治的来龙去脉，把握了政治的本质和核心，才能真正懂政治，才能真正讲好政治。

（二）难点之二：如何厘清政治背后的学术理论框架

学理框架是"用学术讲政治"的逻辑载体。目前，在学界不同程度地存在的问题是"学理是学理、政治是政治"两张皮，学术话语与政治话语脱节，政治和学术分属于不同话语体系，政治是一套话语体系，学术是一套话语体系，政治与学术相脱节，学术与政治相分离。

学术话语和政治话语是相互联系、相互依存的。政治需要学理来解释和支撑，学理应该阐述一定的政治原则和要求。作为党校教师必须学会用学术讲政治，实现学术与政治的统一。2019年3月18日，习近平总书记在学校思想政治理论课教师座谈会上指出，思想政治理论课改革创新必须"坚持政治性和学理性相统一"，"坚持价值性和知识性相统一"。习近平总书记十分明确地提出了政治性和学术性的结合，这对于党校教师来说显得更为重要。"党校姓党"决定了党校教师讲课的政治性；"党校是校"决定了党校教师的讲课的学术性。要实现学术性和政治性的统一，最关键点就是要厘清政治观点背后的学术框架。要做到这个要求必须做到两点：

第一，厘清政治观点背后的学理框架，必须找准政治观点的学术切入点。这是政治性和学术性结合的关节点，即所谓的学术接口。也就是把政治问题、现实问题转化到学术层面，成为学术问题，只有完成了这个转化才能实现用学术讲政治。否则只能是学术是学术、政治是政治，风马牛不相及。找不到政治问题和现实问题的理论切入点，理论和政治就没有形成关联，即使再有学术含量也不可能有说服力。

党校主体班的课程一般以专题形式出现的，一堂课的容量决定了教师不可能面面俱到地把所有相关的学理讲清、讲透。这里就有一个切入点的选择问题。许多问题不是单一的学科问题，往往是多学科相互交错形成的。因此，我们讲政治时就有一个如何选择最恰当、最合适的理论作为政治问题的分析工具的问题。对宏观的大政方针，如果我们用过于微观的学理观点去分析，就很难说清楚政治问题的本质，显得高度不够；对于微观的具体方针政策，如果我们用过于宏观的理论去分析，那就会空洞乏味、缺少针对性。例如，社会主要矛盾问题，党的十九大从原来的"人民日益增长的物质文化需要同落后的社会生产的矛盾"，调整为"人民日益增长的美好生活需要和不平衡不充分的发展之间的矛盾"，这个问题可以从党建、科社等学科的角度去讲，也可以从社会学层面去讲，还可以从哲学层面去讲，但是用不同学科的学理讲，教学目标是不完全一样的，各有侧重、各有特色。然而，要准确解读十九大报告中对我国社会主要矛盾转化作出的宏观判断，必须用马克思主义唯物史观作根本指导，运用政治、经济、文化、社会、生态等多个学科的相关理论作综合分析，其理论切入点的架构是多元的、复杂的，需要教师有很高的理论驾驭能力。所以，有的课程之所以没有达到理想的效果，一个很重要的因素就是切入点没找准，运用理论分析的工具不完全恰当，而理论分析工具不恰当，政治问题就说不清楚，课堂效果就一定不会理想。

第二，厘清政治观点背后的学理，必须构建相应的学理框架体系。 学理框架是党校课程的骨架，没有学理支撑的课程是站不起来的。理论的魅力就在于通过对客观规律的揭示、通过逻辑的演绎，把政治的"所以然"讲清、讲透。讲政治是论述政治的"然"；用学术是阐述政治的"所以然"，而学理框架就是阐述"所以然"的基本工具。如果把一堂课比作一个建筑，那学理框架就是这个建筑的四梁八柱。好的课程的真正魅力就在于这个学理框架下的学理分析，用逻辑的力量打动学员。

学理框架的构建是一堂好课的核心，也是教师针对课程的内容和学员提出的问题，运用自身的理论积累，进行理论再创造的过程。它反映的是一堂课的科研含量。党校的课堂是要有科研含量的，没有科研含量的课不会成为好课。今天的党校学员大都有比较高的学历，系统接受过专业理论训练，又有丰富的实践经验和基层一线的实践认知。而且今天的舆论宣传、政治学习也已经常态化、系统化、网络化了。因而学员到党校来学习是有一定基础的，往往也带来一些实际工作中的困惑和问题，希望通过党校学习来解疑释惑。所以党校的课程不同于宣讲，必须要从学理层面把问题讲清、讲透。这对党校课堂提出了科研含量的要求，教师讲政治要有研究，要有学术支撑。但是，课程中学理框架的科研含量不同于撰写科研论文，它并不要求全部原创、独特或新奇，而是要求把学理说清、说准、说透。许多时候，再简单的理论，说清说透了，理论的魅力就体现出来了，就可以征服听众、打动听众，这是教学科研和论文科研的区别所在。

以《马克思主义基本问题》来说，这门课里有一个基本观点——"两个必然"。马克思通过对资本主义的分析，提出资本主义必然灭亡，社会主义必然胜利。"两个必然"是马克思主义理论的一个基本结论，也是无产阶级革命的基本依据。如何理解"两个必然"？这是学员在学习这门课程时必然遇到的一个问题。这个问题不梳理清楚，不从学理和现实层面讲清、讲透，学员就很难真正信仰马克思主义，很难真正坚定共产主义理想。那么应当如何来讲？要寻找学理的切入点。马克思是从资本主义社会的最基本的现象——商品入手，分析资本主义社会的经济问题。但马克思运用的方法是辩证唯物主义和历史唯物主义的基本方法即矛盾分析法。马克思从商品两重性到生产商品的劳动两重性，到最后分析资本主义社会的基本矛盾，得出资本主义必然灭亡，社会主义必然胜利的结论。因而这里的学术切入点就是社会基本矛盾理论。切入点找到了，就要构建学理框架：首先，从基本矛盾出发来论证、说明"两个必然"的科学性，阐述"两个必然"是社会基本矛盾的必然产物，是社会发展的必然规律；接下来，从资本主义社会基本矛盾的发展变化、从基本矛盾的调整和改良，引申出"两个必然"的长期性、复杂性和过程性，从资本主义社会对基本矛盾的改良引导学员正确认识马克思为什么讲"两个必然"，也讲"两个绝不会"，解决学员在"两个必然"问题上的思想困惑；最后，从基本矛盾的必然性，改良并没有改变基本矛盾的本质，论证"两个必然"的最终必然性。这样从学理层面去抽丝剥茧，从现象到本质，解剖学员的困惑，从而引导学员回归信仰本身。理论讲清楚了，学员的困惑就迎刃而解了。

四、提升党校教师"用学术讲政治"能力的几点建议

（一）增强政治意识，站稳政治立场

党校教师一定要有政治意识，要以讲政治为荣。这是党校"讲政治"的基本出发点。中央提出领导干部要确立"四个意识"，其中第一个就是政治意识。作为党校教师尤其应该强调政治意识。党校教师要关心政治、关注政治、研究政治，这是党校教师的基本功。用习近平总书记的话说，党校教师是我们党直接掌握的一支教师队伍，是我们党一支不可多得的理论力量。这是对党校教师的肯定，更是对党校教师的要求。党校教师要遵守政治纪律和政治规矩，善于从政治立场和政治角度看问题，时刻保持政治的敏锐性和洞察力。要提高自身的政

治站位。党校教师不仅要当理论家、学术名家，也要有高度的政治敏锐性和政治觉悟。党校教师要养成研读文件的习惯，这或许是党校教师的特色，更是党校教师的基本功。这样才能及时跟踪政治的发展、政策的变化，时刻与中央大政方针保持高度一致。

（二）强化理论基础，夯实学术功底

党校教师一定要有扎实的理论功底，要养成读经典、读原著的习惯。这是"用学术讲政治"的前提。要舍得花力气、花时间，沉下心读经典、读原著、读文件。经典之所以是经典，是因为它是前人智慧的结晶，经过了时间的考验和历史的检验，它是我们理论分析的基本工具，要善于从经典中汲取营养，提升自身的学术能力。

要借鉴中央党校的经验，在教师队伍中强化经典理论和著作的学习与交流，促进教师尤其是青年教师抓理论基础、强化学术功底的学习和训练。

（三）了解理论前沿、掌握时代信息

作为党校教师要时刻追踪理论和政治的发展动向，了解实践的发展进程。学员到党校学习是希望听到对中央精神最新最权威的解读，希望得到研究新情况、解决新问题的新思路，希望收获新启发新见解。因而党校教师要做到"用学术讲政治"，必须时刻关注中央、省委有哪些新提法、新政策、新措施，要了解理论界、学术界有哪些新观点、新理论，实践中有哪些新变化、新成就等。党校教师要多关注重大会议信息、积极参加学术讨论会，及时更新自身的知识体系、提升自身的理论素养。

（四）关注实践，了解现实

党校课堂必须理论联系实际，这是"用学术讲政治"的一个重要组成部分。党校课堂面对的是领导干部，阐述的是中央、省委的路线方针政策，现实是最大的政治，实践是最核心的学术。不能把理论和现实相结合、不能把路线方针政策同实践相结合，就不可能真正做到"用学术讲政治"。学员觉得教师"用学术讲政治"讲的不够，究其原因主要还是在于课堂理论和实际相脱节、和现实相脱节，不太了解实际，停留在理论、数字、表格层面，很苍白，不接地气。

课题负责人：章凝，中共江苏省委党校（江苏行政学院）哲学教研部教授。

对标《纲要》和《大纲》 优化教学课程体系

习近平新时代中国特色社会主义思想是党和国家必须长期坚持的指导思想。让其在各级党员领导干部中入脑入心、引导实践、指导工作，首先要解决进教材、进课堂、进头脑问题，因此优化教学课程体系尤为重要。本研究报告贯彻中央关于深入学习贯彻习近平新时代中国特色社会主义思想的意见要求，在分析比较党的十九大以来中央党校（国家行政学院）、中组部干部院校以及江苏等部分省级党校教学计划所列习近平新时代中国特色社会主义思想教学课程的基础上，从江苏各级党政领导干部的学习现状和需求出发，依据2019年3月中组部的《学习贯彻习近平新时代中国特色社会主义思想课程体系和教学大纲（试行）》（以下简称《大纲》）和2019年6月中宣部组织编写的《习近平新时代中国特色社会主义思想学习纲要》（以下简称《纲要》）的内容，研究设计出既有一定时期的稳定性、又体现江苏特色的党校习近平新时代中国特色社会主义思想教学课程体系。

一、对当前教学课程体系设置的现状分析

（一）中央党校（国家行政学院）的做法

中央党校（国家行政学院）开设习近平新时代中国特色社会主义思

想独立教学单元，讲题设置既考虑帮助学员从总体和全局上理解习近平新时代中国特色社会主义思想的科学体系和精神实质，又注意结合不同班次学员特点和需求安排具体专题。

1. 课程设置模式：总分结合、横纵到底

主要按照习近平新时代中国特色社会主义思想概论（总论）+分论，并按学制长短和学员构成及需求设置具体专题，通常是：2个月的进修班，按"1+7"框架设计讲题，即1讲概论加7讲有关重大理论和现实问题专题课；培训班，以"1+10"框架展开教学。1年制的班次，除开设"1+10"教学单元，还按照"五位一体"总体布局和对外战略、党的建设，分设7个专题研究单元。

2. 课程内容设计：既强调"贯"、又强调"通"

将习近平新时代中国特色社会主义思想的教学与马克思主义经典著作及其中国化的理论成果和全校的公共课程贯通起来设置。既帮助学员从理论源头学习领会习近平新时代中国特色社会主义思想，又引导学员把习近平新时代中国特色社会主义思想与马克思主义及其中国化的成果贯通起来，领会马克思主义中国化成果之间既一脉相承又与时俱进的关系。

3. 教学流程设计：专题为主、加大研讨

将习近平新时代中国特色社会主义思想的教学设置到专题教学之外的小组讨论、双向交流、"两带来"问题回应等教学环节，激发学员对专题授课内容的思考和运用，进一步巩固和提升课堂教学效果。通常每三四次课程后，安排1次小组讨论；每个教学单元结束后，安排1次双向交流。

4. 师资配置：全校招标、竞课上岗、末位调整

为确保习近平新时代中国特色社会主义思想进课堂的质量，采取

进一步加大竞争力度、优化师资配置的措施。一方面，习近平新时代中国特色社会主义思想课程的所有讲题均面向全校公开招标，按照竞争择优、能上能下的原则选聘教师；另一方面，加大教师末位调整力度，适当提高末位调整分数线，让教学效果不好的教师暂时停课，再充电、再准备后，再竞争上讲台。

（二）部分省级党校的做法

省级党校紧跟中央党校，同时结合地方实际，在习近平新时代中国特色社会主义思想教学方面都具有一定的特色。

1. 中共上海市委党校（上海行政学院）

一是总分安排、体系独到。按照"板块＋单元＋模块"体系进行设计。分理论学习和党性教育两个阶段（两大板块）。理论学习又分马克思主义、毛泽东思想、习近平新时代中国特色社会主义思想三个单元，习近平新时代中国特色社会主义思想单元又分中国特色社会主义基本问题、习近平新时代中国特色社会主义思想理论体系、习近平新时代中国特色社会主义思想的上海实践三个模块，每个模块有若干专题。三个单元突出马克思主义中国化成果之间的一脉相承和中国特色社会主义理论体系各组成部分的贯通关系。二是对标大纲、完善专题。按照中组部的《大纲》总分22个讲题，对现有教学专题进行全面对标比较，落实到人。对暂时没有开设的专题，外请授课。三是立足地方、体现特色。习近平新时代中国特色社会主义思想的上海实践模块，主要研讨经济社会发展中的重大理论和现实问题，其中有"学习贯彻习近平总书记关于上海改革发展的重要论述""建设具有世界影响力的社会主义现代化国际大都市"，体现贯彻落实习近平总书记的指示要求。四是全程设计、方式多样。具体教学组织上体现严谨细致的要求，比如"习近平新时代中国特色社会主义思想问题征集（结构化研讨）""学习习近平同志地方从政经历读书交流会""谈谈如何看待中国特色社会主义所面临的问题和挑战，怎样增强'四个自信'"，体现研究式教学特色。

2. 中共浙江省委党校（浙江行政学院）

一是前置安排、专题独到。理论武装单元以习近平新时代中国特色社会主义思想专题打头，其后是马克思主义基本理论及原著辅导。习近平新时代中国特色社会主义思想的专题设置也是总分结合。个别专题，比如"习近平新时代中国特色社会主义思想的哲学智慧""学习贯彻习近平坚持和完善人民代表大会制度重要思想"等，体现并发挥本校教师的研究专长。二是立足地方、体现特色。以省情单元为重点，精心设计教学专题，又突出习近平新时代中国特色社会主义思想对浙江的影响和浙江实践对其形成的贡献，如，习近平总书记当年推出的"'八八战略'思想与实践"；还设置有"深化'最多跑一次'改革，加强政府自身建设""政府如何服务、指导、监管企业""改革先锋进党校"等一批特色专题。三是课上课下、联动设计。如："学员课堂：以习近平新时代中国特色社会主义发展战略思想为指导，积极推进社会主义现代化强国建设""支部研讨：结合学习《习近平谈治国理政》（第一、二卷），谈学习研究总书记有关思想的体会"等。

3. 中共重庆市委党校（重庆行政学院）

一是突出专题、跨班组织。即围绕市委、市政府重大发展战略与决策部署设置专题，根据专题内容分类别跨班次组织教学。如：供给侧结构性改革、创新驱动发展战略、内陆开放高地建设战略、脱贫攻坚与乡村振兴战略、加强和创新社会治理、生态文明建设等。每个专题模块安排6次专题辅导+1次现场教学+3次结构化研讨。研讨环节设计成：问题及原因分析+对策探讨+研讨成果总结交流，体现研究式教学和研究式学习的有机结合。二是总分安排、体现特色。习近平新时代中国特色社会主义思想是一个独立模块，再按总分结构安排10个专题，其中有"关于坚持和完善人民代表大会制度的重要思想""关于加强和改进统一战线工作的重要思想"等。三是突出主题、设计研讨。习近平新时代中国特色社会主义思想模块设计三次研讨，围绕"中国共产党为什么能""马克思主义为什么行""中国特色社会主义为什么好"依次展开。

4. 中共四川省委党校（四川行政学院）

一是概论打头、1总6分。概论后专题统一设计为"习近平新时代中国特色社会主义思想——关于经济建设、关于政治建设、关于文化建设、关于社会建设、关于生态文明建设、关于党的建设"，并围绕"学习贯彻习近平新时代中国特色社会主义思想，新时代四川怎么看、怎么办、怎么干"组织研讨。二是立足地方、强化设计。突出深刻领会习近平总书记对四川工作重要指示精神和四川省委十一届历次全会精神，安排"新时代治蜀兴川"的历史方位、总体要求、第一要务、根本动力、开放格局、重中之重、价值取向、生态重任、法治保障、政治保证等教学专题。

5. 中共山东省委党校（山东行政学院）

将习近平新时代中国特色社会主义思想相关专题教学设计为研讨式教学；安排了习近平总书记的成长之路系列报告，包括"习近平在梁家河""习近平在正定""习近平在宁德""习近平在浙江",并分别邀请这些地方的相关权威专家学者前去授课。

6. 中共江苏省委党校（江苏行政学院）

在马克思主义原著导读单元后，独立设置习近平新时代中国特色社会主义思想单元；在"习近平新时代中国特色社会主义思想三十讲"结构的基础上补充《大纲》要求的内容，1个概论+15个专题；在省情单元、教学研讨、学员论坛、读书会、党性教育、现场教学等环节，贯穿习近平新时代中国特色社会主义思想的相关内容；按贯彻"用学术讲政治"的教学要求，着力提高教学专题质量。

（三）中组部干部学院的做法

中组部干部学院的相关教学，共性的特点是与党校教学错位，依据各院的条件和明确定位，以现场教学、短期专题培训班次为主，开展各具特色的教学活动。

1. 中国浦东干部学院

利用上海的区位优势，依托长三角地区丰富的教学资源，设计了"'红色系列'——中国共产党人的历史使命""'蓝色系列'——坚持改革开放的伟大实践""'绿色系列'——科学发展与全面发展"等系列现场教学线路，将学习贯彻习近平新时代中国特色社会主义思想贯穿其中。同时，突出情景模拟课程设计，让学员在模拟中体验习近平新时代中国特色社会主义思想指导实践过程中的各种问题，受到学员欢迎。

2. 中国井冈山干部学院

有两个特点：一是以短期党性修养专题培训班为主，将习近平新时代中国特色社会主义思想融入现场教学点的教学主题中去，深刻体悟深邃理论源泉、深厚文化底蕴、丰富实践基础和伟大领航力量。二是将井冈山及周边地区保存完好的革命旧居旧址和大量珍贵史料开发为现场教学点，组织教研人员集体攻关创新，形成了一个以革命遗址为"点"、以历史进程为"线"、以革命根据地为"面"、以党性教育为"纲"、以井冈山为中心的相互贯通、有机连接的教学资源网络。三是以体验式教学、现场教学、社会实践教学为主要教学方式的课程体系。

3. 中国延安干部学院

和中国井冈山干部学院相似，属红色教育基地类干部学院。

综合分析以上党校和干部学院的教学，呈现以下特点：一是设置独立教学单元，按总分安排专题，区别在于专题多少和特色。这与深入学习贯彻习近平新时代中国特色社会主义思想的要求还有一定差距。二是突出教学的地方特色，以"习近平新时代中国特色社会主义思想在地方的实践"形式，和省情研究结合起来。这是一种创新做法。三是在概论后，聚焦地方重大发展战略，分专题跨班组织专题辅导、现场教学、研讨交流。这是习近平新时代中国特色社会主义思想教学的又一种创新做法。四是依靠区位优势和地方发展特色，紧扣习近平新时代中国特色社会主义思想开发现场教学、案例教学。这是进一步深入学习贯彻习近平新时代中国特色社会主义思想的发展趋势。

二、目前教学中亟须解决的问题

（一）课程设置问题

1. 如何进一步明确习近平新时代中国特色社会主义思想的科学体系

在党的十九大前，中宣部先后组织编写《习近平总书记系列重要讲话读本》（2014年版和2016年版），对习近平总书记系列重要讲话精神体系有不尽相同的概括。二是党的十九大明确习近平新时代中国特色社会主义思想的核心内容是"八个明确"和"十四个坚持"，解决了"新时代要什么样的社会主义"和"怎么建设新时代的社会主义"这两个重大时代问题，但具体内容有交叉。如何建构课程体系的内在逻辑？如何设置课程才能既概括出体系性又避免专题内容的交叉？这些问题都有待研究。中组部的《大纲》设计的29讲总分体系，在突出具体专题内容方面有特色，但在习近平新时代中国特色社会主义思想的体系性和主题主线、各专题内容的侧重方面不够明确。

2. 如何解决各教学专题的深度不一

从目前设置的专题来看，概论和分论中的部分专题开设时间较长，内容相对比较成熟，但其他部分专题开设不久，有待在教学中进一步打磨，还有少数专题缺失。专题教学深度取决于教师的研究深度和该学科对问题的研究程度。中共江苏省委党校（江苏行政学院）习近平新时代中国特色社会主义思想教学单元现有各专题的学术深度和政治强度都需要提升，这是由各专题教师的学术功底和教研深入程度的不同决定的。

3. 如何进一步理清各具体专题内容之间的边界

"八个明确"和"十四个坚持"是内涵丰富、逻辑严密的思想体系，有利于把握各个部分之间的联系，但事实导致很多专题实际授课内容重复。如概论与"中国特色社会主义总任务""两个布局"，"新时代"和"主要矛盾"，"新发展理念"与"全面建成小康社会"，"坚持党的领导"和"全面从严治党"，还有"国家安全"与"外交"，或多或少会有重合部分，必须清晰界定各个专题内容之间的边界和各自的核心内容。

4. 如何解决习近平新时代中国特色社会主义思想专题内容设计中的层次性

即解决习近平新时代中国特色社会主义思想作为党和国家指导思想、治党治国治军的理论的统一性、宏观性，与省域范围内干部工作、思想需求的差异性、微观性之间的矛盾，这是确保教学效果的根本所在。总论与分论之间设计的层次性，理论教学与党性教育、省情研究等教学单元内容和方式的层次性，都要有系统设计。

（二）教学方式方法问题

1. 讲授式教学与其他教学方式（案例式、研讨式等）不平衡

绝大多数以课堂讲授式教学为主，案例式、研讨式、体验式教学相对较少。现在是习近平新时代中国特色社会主义思想开始在实践中"结果"的阶段，要让学员真切感受到其影响和价值，最好到现场教学点去。现在也是习近平新时代中国特色社会主义思想在实践中遇到相关问题，需要通过党校平台学习交流、深入研讨后加以解决的阶段，因此要通过好的教学内容和方式，激活学员身上的知识储备和实践思考，寻找到解决这些问题的对策。

2. 课堂教学与入学教育、党性分析、现场教学、研讨、调研等环节贯通不够

一是如何将习近平新时代中国特色社会主义思想的不同内容设计在不同的板块，而且前后照应、相互补充；二是根据不同层次干部的理论水平和需求来设计相关专题和内容。

（三）贯彻"用学术讲政治"时所涉学科群匹配问题

1. 缺乏"问题群"意识及群内问题之间的匹配度不够

习近平新时代中国特色社会主义思想"贯通马克思主义哲学、政治经济学、科学社会主义"，并"根据新的实践对经济、政治、法治、科技、文化、教育、民生、民族、宗教、社会、生态文明、国家安全、国防和军队、'一国两制'和祖国统一、统一战线、外交、党的建设等各方面作出新的理论概括和战略指引"[①]。这就要求：一是在设计教学内容时，通过不同的专题来体现这些贯通；二是打破学科界限，确立"问题群"意识，把相关的专题整合起来，做到各专题从不同角度集中呈现问题、解决问题；三是设置一些专题来体现"问题群"之间的互通互补。

2. 部分教学专题所需的政治高度与学理深度不匹配

比如，讲习近平新时代中国特色社会主义思想概论，怎么在突出其政治高度的同时，又感受学理的深度；讲习近平新时代中国特色社会主义经济思想或者其他专门思想专题，怎么既追求学理深度，又突出其政治的高度，而且不给人拔高的感觉。因此，课程设计要考虑各个专题的政治高度、学理深度，进而有效地加以区别化设置。

（四）教师和学员反映的问题

讲习近平新时代中国特色社会主义思想概论的教师，感到讲出新意难、出彩难，与学员的知识体系和实践需求结合起来难。原因在于：一是

---

① 中共中央宣传部编：《习近平新时代中国特色社会主义思想学习纲要》，学习出版社、人民出版社2019年版，第8页。

党的十八大以来相关内容的宣传很多，大家都很熟悉；二是讲分论专题的教师普遍感到："理论难归纳，实践难结合，创新难总结"，学术性和政治性很难兼得；各个专题之间难免会交叉重复。

学员对习近平新时代中国特色社会主义思想教学的反馈：一是不够解渴，在指导工作实际方面不太满意；二是大约三分之一专题有新意，其他专题重复的略多；三是课堂教学太多，其他教学方式偏少。

三、对标《纲要》和《大纲》，科学设置习近平新时代中国特色社会主义思想教学课程体系

（一）对标要新：以整体为上，将《纲要》内容和《大纲》框架结合起来

《大纲》最大的优点是架构，按总分思路详细列出各个专题重点内容及教学方式，不仅有利于区分相关专题的边界，还有利于避免内容交叉。

《纲要》最大的优点是内容。一是点明习近平新时代中国特色社会主义思想的"活的灵魂"和把握的"金钥匙"等。二是设计了开头、结尾加19章的体系，既体现了习近平新时代中国特色社会主义思想的框架，又补充了党的十九大以来的最新内容。三是以主副标题的形式，以"新时代中国特色社会主义"为主题主线，用19个"关于新时代……"构建了整个习近平新时代中国特色社会主义思想的体系，且在每个"关于"中都明确了各自的重点，解决了过去各专题内容交叉的问题，解决了习近平新时代中国特色社会主义思想概论教学的体系性问题，并为专题教学提供了整体性指导。

因此，设计习近平新时代中国特色社会主义思想教学课程体系，

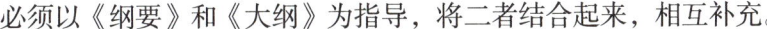

必须以《纲要》和《大纲》为指导，将二者结合起来，相互补充。

（二）视野要宽：以自身为主，将全省党校乃至长三角、全国党校资源整合起来

1. 立足全国和长三角范围，通盘设计教学体系

利用全国、长三角范围内的党校师资及教学点、案例资源，请这个方面的专家或者实践者来讲授，再结合调研、党性分析环节，选择一些有代表性的地方去实地考察。如扶贫（湖南、陕西等）、生态文明（浙江、福建等）、开放（广东、海南等）、军队国防、"一带一路"、对外战略等。

2. 立足全省党校系统，探索"江苏特色"教学体系

江苏应该按照习近平总书记提出的"为全国探路"、"建设强富美高新江苏"以及"长三角一体化"等国家战略的要求，遵循习近平总书记考察镇江、徐州、南京、南通、扬州等地讲话精神，探索江苏在实践方面做出的特色，把市县党校的教学资源和特色作为一个环节，整体设计课堂讲题、现场教学、研讨、调研等教学环节。

3. 按照贯通的理念，统筹设计教学体系

横向要立足于推进"用学术讲政治"教学改革"一号工程"和"教研咨一体化"的整体思考，纵向立足于省市县三级党校的教学资源和特色。

（三）内容要实：以学科为基，将专题开发和学科建设、教师培养结合起来

对标《纲要》和《大纲》，跳出目前五个教学单元，既考虑当前

教学专题及内容，又考虑习近平新时代中国特色社会主义思想教学所需的研究成果和学科培养。

对此，提出两种思路：

1. 第一种思路

改进现有单元设计，把习近平新时代中国特色社会主义思想专题贯穿教学各单元、全流程。即将其教学内容整合进各单元，调整相关的专题内容和数量，渗透到各个教学环节。

（1）经典著作和基本理论单元。突出方法论源头和历史脉络。增加习近平关于学习马克思主义哲学的两次政治局集体学习的内容。

（2）习近平新时代中国特色社会主义思想单元。突出体系性，建议设置13个专题：总论（总领本单元）；新时代和社会主要矛盾；主题教育的"坚守共产党人初心和使命"；高举旗帜，坚定"四个自信"；习近平新时代中国特色社会主义经济思想；政治建设重要论述；法治建设重要论述；深化党和国家机构改革；社会建设重要论述；文化建设重要论述；习近平生态文明思想；习近平外交思想；习近平强军思想。

（3）党性教育单元。突出习近平党的建设思想的战略性创新性。以党的性质、宗旨和"以人民为中心的根本立场"为总领，以《中国共产党章程》和重要党规为框架，紧扣"党性"，顺应由浅入深、由远及近、由应然到实然的思路，层层递进，科学设置单元课程。建议设置12个专题：习近平以人民为中心的思想或者习近平加强党的建设思想（总领本单元）；学习《中国共产党章程》与共产党人的初心使命；党员修养和党性意识（《论共产党员的修养》导读）；毛泽东延安整风三篇著作和党的作风建设；坚持民主集中制原则；党的历史使命和奋斗历程与党性锤炼；全面从严治党向纵深发展和加强党的政治建设；

党内法规（必讲的如《关于新形势下党内政治生活的若干准则》）；《中国共产党纪律处分条例》与《中国共产党廉洁自律准则》；中国共产党开展反腐败斗争的历程及其启示；坚持党的群众路线与提升走群众路线的能力；加强党的全面领导。这些专题可以用多种教学形式，如现场教学（如雨花英烈精神与共产党人的理想信念）、结构化研讨（坚持民主集中制原则）、案例分析（党风廉政建设和反腐败斗争方面）、外请讲座（如请省纪委的领导来讲党内法规建设）等。总之，要通过科学设置专题和各种场景、方式的教学，结合校内主题教育场馆以及校外全省党性教育现场教学基地或相关部门资源，真正使学员思想受到洗礼、党员意识和党性得增强。

（4）**省情单元。**突出习近平新时代中国特色社会主义思想指导江苏发展实践及其成效。发掘江苏特色，采取课堂+现场教学+案例教学等多种方式，建议思路：习近平考察江苏重要讲话精神与江苏的新发展（总领本单元）；围绕习近平总书记强调的"强富美高新江苏"设置相应专题（教学形式多样）；挖掘江苏地方特色列出专门的教学讲题，比如国企改制（徐工集团）、资源枯竭城市转型（徐州市贾汪区）、民营企业创新或者电商（沙集电商小镇）；民生领域的医保制度改革（镇江）；生态文明建设（盐城自然保护区）等。

（5）**能力提升单元。**建议设置如下专题：关于新时代坚持和发展中国特色社会主义的执政能力建设（总领本单元）；习近平关于领导干部的六种思维（战略思维、历史思维、辩证思维、创新思维、法治思维、底线思维）能力专题；领导干部的岗位工作能力；领导干部拓展世界眼光、把握宏观形势方面的专题。为避免与习近平新时代中国特色社会主义思想单元的重复，必须突出能力培养的视角。本单元教学应以学员为主角，采取结构化研讨等方式，并和周三大报告、周一晚讲堂、研讨答疑、读书会以及外出调研结合起来，让学员在活动中提高讲政治、解难题的能力。

2. 第二种思路

建设习近平新时代中国特色社会主义思想"学科群"，横向"教研咨一体化"，纵向三级党校共同发展。利用党校完备系统资源，通过建设学科群，统领教研部学科建设、教师培养、队伍成长。具体思路是：以习近平新时代中国特色社会主义思想指导学科群建设，以学科群建设指引教师加强研究。同时，把市县党校纳入"教研咨一体化"体系的学科群建设中来，做出地方品牌。

（1）**基础学科群**：包括经典著作和基本理论、总论所涉及的教研部。以习近平新时代中国特色社会主义思想概论为统领，在现有基础上稳定、壮大、做强，拓展研究思想方法、工作方法等，形成研究成果，再转化为相关专题，形成稳定的师资力量、有效的讲课方式。

（2）**经济学和生态文明学科群**：以习近平新时代中国特色社会主义经济思想和习近平生态文明思想为统领，深化和拓展研究：新发展理念指引下的现代化经济体系建设、供给侧结构性改革、金融安全、创新型国家、乡村振兴、区域协调发展、社会主义市场经济体制建设、全面开放新格局、世界经济形势、生态文明与转变经济发展方式、生态文明的法治建设、生态文明的制度体系建设、生态安全的中国贡献、江苏经济、江苏的"263"专项行动和生态文明建设等。

（3）**政治学科群**：以习近平关于社会主义政治建设相关重要论述、法治思想为统领，深化和拓展研究：坚持和完善人民代表大会制度、健全社会主义协商民主制度、基层民主政治建设、权力制约和监督体系建构、政治体制改革、党和国家机构改革、行政体制改革、依法治国、依法行政与法治政府建设、统一战线理论与实践、江苏的民主法治建设等。

（4）文化和社会学学科群：以习近平关于社会主义文化和社会建设重要论述为统领，深化和拓展研究：文化自信、弘扬传统优秀文化、民族精神、宗教信仰问题、江苏文化及文化遗产保护、文化产业和文化事业发展、城市文化、公共文化建设、社会治理理论、协调社会阶层结构保证社会公平正义、社区治理、城乡一体化建设、群体性事件应对、突发事件处置等。

（5）管理学学科群：以习近平关于全面深化改革和国家治理现代化重要论述为统领，在公共管理、服务型政府、领导科学、干部制度、科技革命、媒体应对、大数据科学应用等方面，加以深化和拓展研究。

（6）党建和党性教育学科群：以习近平关于全面从严治党的重要论述为总领，深化和拓展研究：中国特色政党制度、全面加强党的执政能力建设、党的基层组织建设、群众路线及其实践、反腐败制度体系建设、党和国家监督体系建设、《中国共产党章程》和党性修养研究等。

（7）国际政治和外交学科群：以习近平外交思想和对于世界形势的论述为统领，深化和拓展研究：中国的外交战略、国际格局和大国关系、周边安全和周边国家关系、对外形式与"一带一路"国际合作、祖国统一、国家安全、海洋安全、国防建设等。

（8）特色学科群：以习近平考察江苏重要讲话及各地的干部教育特色资源的基础上，形成三级党校共同建设的特色研究：江苏四种革命精神，以及"昆山之路"精神、徐州马庄经验、镇江赵亚夫精神、苏州外向型经济等，只要有特色都可以整合进体系。

在学科群建设基础上，习近平新时代中国特色社会主义思想教学应更开放更有效，具体在满足组织需求的原著课程、总论课程之后，充分尊重学员学习需求，在全校范围内根据学科群来组织课程。具体思路：列出学科群课程，让学员根据需求选择学习内容，按课程选择重新组合班级组织教学和研讨。这样学员之间可以就专题进行深入交流，现场教学、专题调研和结构化研讨也会更有成效。

（四）方法要活：以讲授为要，将科学理论和多种互动式教学方法结合起来

中共中央印发的《2018—2022年全国干部教育培训规划》强调指出，"深刻把握贯穿其中的马克思主义立场观点方法，不断提高马克思主义水平和政治理论素养，不断提高运用科学理论解决实际问题的能力"[1]。这就指出了习近平新时代中国特色社会主义思想教学方法和教师能力改进的方向，即不仅要在课堂讲授中用多样的方法体现学术性，更要学会用多种方法来丰富教学内容。

1.将马克思主义立场观点和方法贯穿各个习近平新时代中国特色社会主义思想专题内容中

什么是党校教学中的马克思主义立场？"人民性是马克思主义最鲜明的品格"[2]，"坚持以人民为中心"是习近平新时代中国特色社会主

---

[1] 中共中央《2018—2022年全国干部教育培训规划》第二章第二节。
[2] 该词出自习近平在马克思诞辰200周年大会上指出"人民性是马克思主义最鲜明的政治品格。"

义思想的根本立场①。这就要求各专题不论学科背景、学理分析方法怎样，内容都要体现"人民性"，都要贯穿马克思主义立场观点和方法。这是党校教学区别高校教学的重要特征，也是党校教师坚持"用学术讲政治"的最好体现。

坚持用马克思主义观点方法开发专题组织教学。马克思主义观点是马克思主义关于自然、社会和人类思维规律的科学认识，是对自然界规律和人类社会实践经验的科学总结，体现在马克思主义哲学、政治经济学和科学社会主义这三个组成部分之中，涵盖面非常广泛。因此，无论学科背景差异，是否运用唯物史观去分析历史事件、运用唯物辩证法去解答社会热点、运用政治经济学的相关方法分析对策建议，都属于运用具体的马克思主义观点。

党校教师要抛开自身学科差异，集体精研马克思主义原著。关键要读马克思主义真经，要通过学习马克思主义经典著作，牢固树立确立马克思主义的立场、观点和方法。比如，讲理想信念，就要运用马克思主义观点科学理性分析，既要正确认识资本主义经济、科技发展的现实，更要正确认识资本主义社会的基本矛盾及其最终必然走向衰亡的历史趋势；讲经济建设，要运用唯物史观分析经济持续发展和社会全面进步的整体协调性，将社会主义制度的优越性作为学理分析的基础等。

2. 大力推进以案例为核心的"结构化研讨"这一适合党校教育的互动教学方法

《2018—2022年全国干部教育培训规划》明确规定：省级以上党

---

① 中共中央宣传部编：《习近平新时代中国特色社会主义思想学习纲要》，学习出版社、人民出版社2019年版，第40页。

校（行政学院）运用研讨式、案例式、模拟式、体验式、辩论式等互动式教学方法的课程比重不低于30%。

（1）结构化研讨应该是党校习近平新时代中国特色社会主义思想课堂教学的一个努力方向。结构化研讨可以抓住专题教学中具体的问题，以鲜活的案例切入，引导学员运用习近平新时代中国特色社会主义思想的精神和理论，从不同角度查找现实障碍，使每位学员吸收别人的观点、克服自身认识问题的局限；问题澄清后，分析原因；原因分析透彻后，集体探讨对策。这种研讨方法，能针对干部学员的思维和工作经验丰富的特点，把党校的课堂变成解决现实问题的平台，相互碰撞和激发，集众家之长解实践之惑，既避免单纯理论单向输入的劣势，又根本上解决了学员的问题，弥补了我们教师实践不足的短板，最终教师和学员解决问题的能力都得到提升。

（2）将结构化研讨设计进入教学研讨环节，可以在不同的班次之间按照所涉问题，组成不同的学科群班次，针对性组织不同主题和方法的研讨。针对习近平新时代中国特色社会主义思想中"经济、社会、文化、法治、生态文明建设"等实践性专业性更强的专题，甚至是党性教育专题，都可以设计相关的结构化研讨课程，转换教学模式，再结合学员提供的"三带来"等材料策划选题，课程的针对性和实践性将得到大大提高。

（3）提高教师组织使用结构化研讨教学的能力。结构化研讨也可以运用到抽象的研讨主题中去。如"新时代如何提升党性修养"等题目，用传统教学开展师生互动就比较勉强。但用"目标导向"来设计结构化研讨，即围绕这个主题，应该达到哪些目标，实现目标还存在哪些差距，为什么会存在这些差距，应该怎么做，这样的思路来设计，

对标《纲要》和《大纲》 优化教学课程体系

教学效果会根据顺畅实现。

（4）推动教学成果转化。通过习近平新时代中国特色社会主义思想教学中每年大量的不同对象的班级研讨，收集掌握到了大量真实材料整理后，可以转化为学科群的研究课题，或形成决策咨询报告，报送党委政府，为领导决策提供参考。

3.把研讨式教学贯穿课堂教学内、外的整个环节

在将研讨式教学流程贯穿习近平新时代中国特色社会主义思想教学内外环节的过程中，大体可分为五个环节：确定研究课题，设计研究方案，自主探讨问题，总结研讨成果，交流学习体验，各个环节紧密衔接，缺一不可。研讨式教学讲究以问题为导向，确定问题是进行教学的前提；问题一旦确定下来，就要设计具体的研究方案，以确保教学有序、高效地进行；研究问题、方案确定以后，学员要在教师的指导下，紧紧围绕问题开展讨论；撰写研究论文是研讨式教学的总结环节。研讨式教学重在学习过程，目的在使学员获得研究问题的感受和体验，因此交流互动贯穿于教学整个过程。

另外，案例式、模拟式、体验式、辩论式等互动教学方式也应该鼓励教师采用在不同的班次、专题和教学环节中。

（五）保障要全：以教师为依托，将专业培训和年轻教师适当容错结合起来

1.对教师和相关教辅人员进行专业培训

习近平新时代中国特色社会主义思想教学体系的全流程设计，涉及教师、教务处联络员、学员处班主任等与课程完成有关的所有部门和人员，必须进行相应的培训。一是"结构化研讨"教学技能培训。

这种方式适合干部学员的特殊性和习近平新时代中国特色社会主义思想教学的实践性要求。掌握了这个方法对其他课程都有好处。二是学科群教师专业知识和能力的培训，即根据学科发展和专题设置需要，定点到人，定向送去高校或党校、干部学院等进行培训。

2. 为学科群教师提供更多授课机会

建议把对外培训班次的教学纳入教研体系，作为教师新专题教学的练习平台。如：企业或者经济方面的班次，可以提供"经济学科群"的系列专题，基层社区方面的班次，可以提供"社会学科群"系列专题。

3. 对新教师和新专题采取适当容错机制

对学科群的新课程设置专题授课质量评估的保底分数，只要分数达到授课班次评估结果的一定范围，同时几次课分数有提升，就可以进行保护。在容错的同时，更重要的是对新专题教师的相关研究给予更多的帮助和支持，只有研究深入了，课才能言之有物。

课题负责人：陈蔚，中共江苏省委党校（江苏行政学院）法政教研部主任、教授。

党校教学贯彻习近平新时代中国特色社会主义思想课程体系和教学大纲研究

习近平新时代中国特色社会主义思想，是对马克思列宁主义、毛泽东思想、邓小平理论、"三个代表"重要思想、科学发展观的继承和发展，是马克思主义中国化最新成果，是党和人民实践经验和集体智慧的结晶，是中国特色社会主义理论体系的重要组成部分，是全党全国人民为实现中华民族伟大复兴而奋斗的行动指南。

要坚持不懈地用习近平新时代中国特色社会主义思想武装头脑、指导实践、推动工作，学习贯彻习近平新时代中国特色社会主义思想是党校干部教育培训的重中之重，首先需要制定完善的课程体系和教学大纲。

为了持续深入推动习近平新时代中国特色社会主义思想系统进教材、有效进课堂、刻骨铭心进头脑，中组部组织编写了《学习贯彻习近平新时代中国特色社会主义思想课程体系和教学大纲（试行）》（以下简称《大纲》），用以规范指导各地区各部门和各级干部教育培训机构开展教育培训。

中共江苏省委党校（江苏行政学院）按照《大纲》要求，结合自身师资力量和地区特色实际，在干部教育培训中进行了积极探索。

一、目前"习近平新时代中国特色社会主义思想"专题教学的现状与不足

目前我校主体班"习近平新时代中国特色社会主义思想"的专题教学，单独设计成一个教学单元，开设12个专题。通过课堂教学、小组讨论和班级研讨等方式，促进习近平新时代中国特色社会主义思想在学员中入脑、入心。

通过专题教学，学员普遍反映加深了对习近平新时代中国特色社会主义思想的理解和把握。但与党中央要求学习理论是为了"武装头脑、指导实践、推动工作，落脚点在指导实践、推动工作；学懂弄通做实，落脚点在做实"的总要求，与中共中央组织部编写的《大纲》的要求相比，还存在一定的差距。具体表现在：一是课程体系设置不够全面完善，没有细分为总论课程、分论课程及特色课程。总论课程只有一门习近平新时代中国特色社会主义思想概论，未能充分体现该思想的理论渊源、实践基础、科学体系、精神实质、重大意义、历史贡献以及习近平新时代中国特色社会主义思想蕴涵的马克思主义立场观点方法等方面的深刻内涵；分论部分显得单薄，不够丰富全面；尤其是整个专题教学课程体系缺乏结合江苏实际的特色课程。另外某些班次的课程安排还存在边界不清、相互交叉等问题。二是教学形式单一。单纯强调教师的课堂传授作用，没能采用形式多样的教学方式，以增强该理论学习的趣味性、生动性，便于学员领会和掌握。

二、贯彻落实习近平新时代中国特色社会主义思想课程体系和教学大纲的对策建议

针对目前我校专题教学的现状及不足，要加强课程体系和教学大纲的科学合理设计，通过完善的课程体系教学，使学员全面准确理解习近平新时代中国特色社会主义思想形成的时代背景、核心要义、精神实质、重大意义、历史地位和实践要求，树牢"四个意识"，坚定"四个自信"，坚决做到"两个维护"；同时，开发深入挖掘习近平新时代中国特色社会主义思想理论品格的课程，使学员全面准确理解习近平新时代中国特色社会主义思想所蕴含的马克思主义立场观点方法，坚定马克思主义立场，不断提高运用马克思主义立场观点方法武装头脑、指导实践、推动工作的能力和水平。

（一）按照"总—分—特"的思路设计课程体系和教学大纲

为贯彻落实《大纲》的要求，便于学员全面系统地掌握习近平新时代中国特色社会主义思想，聚焦重大理论和现实问题，回应干部思想理论困惑和实际工作需求，必须合理设计该思想专题教学的总论课程、分论课程、特色课程等。

总论课程除开设习近平新时代中国特色社会主义思想概论外，还需要开设习近平新时代中国特色社会主义思想的理论渊源和实践基础；习近平新时代中国特色社会主义思想的科学体系和精神实质；习近平新时代中国特色社会主义思想的重大意义和历史贡献；习近平新时代中国特色社会主义思想蕴含的马克思主义立场观点方法等专题。

分论课程需要开设：深刻认识把握中国特色社会主义新时代的科学内涵和重大意义；深刻认识把握中国特色社会主义进入新时代的重要判断；深刻认识把握中国共产党人的初心和使命；深刻认识把握新时代我国社会主要矛盾；深刻认识把握具有许多新的历史特点的伟大斗争；深刻认识把握新时代坚持和发展中国特色社会主义的总任务；深刻认识把握中国特色社会主义事业的总体布局和战略布局；深刻认识把握坚定中国特色社会主义道路自信、理论自信、制度自信、文化自信；深刻认识把握中国特色社会主义最本质的特征是中国共产党领导；深刻认识把握坚持党对一切工作的领导；深刻认识把握坚持以人民为中心的发展思想；深刻认识把握新发展理念；习近平总书记关于全面建成小康社会重要论述；习近平总书记关于全面深化改革重要论述；习近平总书记关于全面从严治党重要论述；习近平总书记关于总体国家安全观重要论述；习近平总书记关于坚持"一国两制"和推进祖国统一重要论述等重要课程，以加深对该思想的系统全面的认识和把握。

另外，尤其要依据习近平总书记对江苏经济社会发展的一系列重要指示精神开设特色课程。早在地方工作期间习近平同志就关注江苏的发展，1983 年专门到江苏考察了苏锡常地区；2009 年到过连云港、淮安、宿迁、南京等地考察；2012 年到苏州参加中非论坛；2013 年初参加全国人代会江苏团审议时提出"深化产业结构调整、积极稳妥推进城镇化、扎实推进生态文明建设"三项重点任务；2014 年出席南京青奥会开幕式，12 月 13 日习近平总书记首次在南京市举行南京大屠杀死难者国家公祭仪式，"为全国发展探路是中央对江苏的一贯要求。"这是 2014 年习近平在考察江苏发展时确立的新坐标，在江苏考察期间首次提出"四个全面"的战略布局，并向江苏发出了"迈上新台阶、建设新江苏"的动员令，努力建设经济强、百姓富、环境美、社会文明程度高的新江苏。2017年12月12日至13日，中共中央总书记习近平在江苏徐州市考察，强调深入学习贯彻党的十九大精神，紧扣新时代要求推动改革发展。这次视察关注的坚守实体经济、推动创新发展、深化国有企业改革、实施乡村振兴战略、建设生态文明、加强基层党组织建设等方面的重要问题，2020年11月习近平总书记视察南通、扬州等地，强调贯彻新发展理念、构建新发展格局、统筹发展和安全、把保护生态环境摆在更加突出位置，着力在改革创新、推动高质量发展上争当表率，在服务全国构建新发展格局上争做示范，在率先实现社会主义现代化上走在前列。这些都是习近平新时代中国特色社会主义思想在江苏的具体化。

对标习近平总书记对江苏工作的要求，深化部署、狠抓落实，对发展思路和工作举措进行再审视、再对照、再深化，把握发展现状，找准存在问题，明确努力方向。特别是要结合当前工作谋划，拿出硬招实招，一着不让向前推、锲而不舍抓落实，确保总书记重要讲话精神在江苏落地生根、开花结果。党的十一届三中全会以来，在各个历史关键时期，江苏的改革创新为全国积累了宝贵经验。江苏作为东部率先发展的省份，为全国探路尤显重要。江苏是我国首个创新型省份试点省，同时，苏南五市又获批国家自主创新示范区，成为首个以城市群为基本单元的国家自主创新示范区。这就赋予了江苏在创新驱动发展方面为全国探路的责任。江苏作为全国城乡发展差距最小的省份，其发展经验同样极具参考意义。因此，贯彻落实《大纲》要求，需要结合江苏特色，挖掘总书记对江苏经济社会发展作出的一系列指示精神，开设贯彻习近平总书记对江苏重要讲话精神，建设"强富美高"新江苏；寻访总书记"江苏足迹"，牢记总书记对江苏的谆谆嘱托；对照总书记对江苏工作的要求，深化工作部署与落实；出硬招实招，确保总书记重要讲话精神在江苏落地生根开花结果等特色课程。

（二）处理好专题之间的层次和衔接问题

为了持续深入推动习近平新时代中国特色社会主义思想进教材、进课堂、进头脑，应坚持因类施教，注重精准发力，根据不同班次的特点开设有针对性的课程。明确每门课程的教学目的、教学内容、教学形式、教学重点和思考问题等。明确各个专题课程之间的边界问题，避免专题之间的盲区和交集，处理好专题之间的层次问题、衔接问题。

总论课程着重论述指导思想层面的内容，重点解决"是什么"的问题。分论课程、特色课程主要论述行动纲领层面的范畴，重点解决"怎么办"的问题。两者之间是理论与实践、战略与战术、知与行的高度统一。

省管干部进修班、县处级干部进修班的课程设置应更加注重政治站位，从总体上把握习近平新时代中国特色社会主义思想的科学体系和精神实质，深刻领会这一思想的科学性、系统性、时代性和创新性。深刻认识把握新时代坚持和发展中国特色社会主义的总任务、总体布局和战略布局，把握"五位一体"总体布局和"四个全面"战略布局的逻辑关系与实践要求，坚定不移为实现"两个一百年"目标而努力奋斗。深刻认识把握坚持以人民为中心的发展思想，进一步坚定马克思主义群众史观，增强坚持并践行全心全意为人民服务的根本宗旨、

党校教学贯彻习近平新时代中国特色社会主义思想课程体系和教学大纲研究

以人民为中心的发展思想的自觉性和主动性。开设特色课程如：贯彻习近平总书记对江苏重要讲话精神，建设"强富美高"新江苏。确保总书记重要讲话精神在江苏落地生根开花结果等。不断提高领导干部在工作实践中战略规划、指挥决策能力。

县处级中青年干部培训班、青年团干部进修班的课程设置，应注重把握习近平新时代中国特色社会主义思想蕴含的马克思主义立场观点方法，坚定马克思主义立场，提高运用马克思主义立场观点方法认识问题、分析问题、解决实际问题的能力。深刻认识把握中国共产党人的初心和使命，深刻领会中国共产党人为中国人民谋幸福、为中华民族谋复兴的重大意义，增强为夺取新时代中国特色社会主义伟大胜利贡献力量的思想自觉、政治自觉、行动自觉。开设特色课程如：寻访总书记"江苏足迹"，牢记总书记对江苏的谆谆嘱托。对照总书记对江苏工作的要求，深化工作部署与落实等，不断提高领导干部在工作实践中科学运筹、干事创业能力。

乡镇党委书记进修班的课程设置注重把握习近平总书记关于实现乡村振兴战略和全面建成小康社会等重要论述，增强投身全面建成小康社会的使命感和责任感，从而立志扎根乡村，献身农村，提高乡村治理的实际工作能力。深刻认识把握新发展理念，增强贯彻新发展理念的自觉性坚定性，提高贯彻新发展理念的能力和水平。开设特色课程如：对照总书记对江苏工作的要求，深化乡村工作部署与落实。出硬招实招，确保总书记重要讲话精神在江苏农村落地生根开花结果等。通过有效的课程设置，使得乡镇党委书记全面准确理解习近平新时代中国特色社会主义思想的科学内涵、重大意义，不断提高乡镇党委书记领导和推动江苏乡村各项工作的能力。

（三）改进教学方式方法促进课程体系不断完善

贯彻"用学术讲政治"的要求，改进教学方式方法，不断完善课程体系和教学大纲。"用学术讲政治"，就是要用理论的力量、思想的力量引导学员做到对习近平新时代中国特色社会主义思想真学、真懂、真信、真用。

为了更好地用学术讲好习近平新时代中国特色社会主义思想，需要在讲政治、有学术和大众话语等方面共同推进，遵循理论教育的一般规律，体现党校教学的优势和特点。为了避免课堂教学形式的单一性，通过"用学术讲政治"，增强理论教学的趣味性、生动性。除了传统的传递——接受式外，尤其需要在理论教学中创新方式方法。如采用自学——辅导式，通过教师指导学员独立进行学习的模式，开发相应的课程体系和教学大纲。这种教学模式基于先让学员独立学习习近平新时代中国特色社会主义思想，然后根据学员的具体情况教师应用马克思主义相关理论进行分类指导，使学员对习近平总书记主要论述的精神实质在学术理论层面上进一步升华。与此同时，通过学员之间的相互学习，培养学员独立思考解决问题的能力。

为贯彻"用学术讲政治"，需要在实践中改进教学的方式方法，例如采用探究式教学。探究式教学是以问题解决为中心的，注重学员的独立活动，基本程序是：问题—假设—推理—验证—总结提高。教师根据学员"三带来"与"三留下"材料中的一些实际问题，创设现实中的问题情境提出问题，组织学员利用习近平新时代中国特色社会主义思想作为理论分析工具，对问题进行剖析阐释，总结归纳出解决思路，探索问题的应对之策，在此基础上开发相应的课程体系和教学大纲。

（四）教师必须深入学习和把握马克思主义立场观点方法的要求

为了持续深入推动习近平新时代中国特色社会主义思想进教材、进课堂、进头脑，首先教师要认真读原著、学原文、悟原理，开展多形式、分层次、全覆盖的学习培训，学深悟透把握贯穿其中的马克思主义立场观点方法，在多思多想、学深悟透，系统全面、融会贯通，知行合一、学以致用上下功夫。要全面领会习近平新时代中国特色社会主义思想的科学内涵与思想实质，真正贯彻"用学术讲政治"的要求来讲授习近平新时代中国特色社会主义思想的课程体系，避免讲授中新瓶装旧酒、贴标签、穿靴戴帽等现象。"懂"是前提，读原著、学原文、悟原理，把每一点都领会深、领会透，做到知其言更知其义，知其然更知其所以然。其次是弄通。"通"是贯通，这里要把握四个贯通：一是同学习马克思列宁主义、毛泽东思想、邓小平理论、"三个代表"重要思想、科学发展观贯通起来；二是同学习党史、新中国史、改革开放史、社会主义发展史贯通起来；三是同进行伟大斗争、建设伟大工程、推进伟大事业、实现伟大梦想的实践贯通起来；四是同落实党的十八大以来党中央作出的各项战略部署贯通起来，准确把握这一思想的理论逻辑、历史逻辑、实践逻辑。在"懂"和"通"的基础上进一步"抓落实"，"抓落实"就是要把习近平新时代中国特色社会主义思想转化为我校教师推进教学改革和提高课堂教学效果的实际行动。

课题负责人：王金水，中共江苏省委党校（江苏行政学院）科学社会主义教研部主任、教授。

"用学术讲政治"的类型划分与实现路径

《2018—2022年干部教育培训规划》中明确指出"着力提高教师用学术讲政治的水平",对新时代干部教育培训提出新要求。党校履行职责、开展教学工作必须坚持旗帜鲜明讲政治,必须贯彻党的基本理论、基本路线、基本方略,强调政治和业务融为一体。

全面推进"用学术讲政治"的教学方式变革和管理创新,强调教学工作政治性与学理性的统一,增强党的理论教育和党性教育的针对性、实效性。对"用学术讲政治"的类型划分、实现路径等基本内容深入研讨有利于为干部教育培训实践提供理论指导。

一、"用学术讲政治"的类型划分

党校教学内容涵盖政治、法律、经济、社会、文化等不同专业和学科领域,党史党建、政治学、经济学、社会学、法学等学科,对类型化的分析方法的理解并不一致。而且不同教学单元(专题)的"用学术讲政治"存在着明显路径差异性特征,这不仅表现在问题导向的差异,也表现在理论分析工具的不同和教学方法、形式的区别,而且差异性也会直接影响"用学术讲"的针对性和实效性,使得用学术讲在教学中更加难以把握和驾驭。

（一）经典著作的文本研究，诠释马克思主义基本理论的科学性

马克思主义经典著作包含着经典作家汲取人类探索真理的丰富思想成果，体现着经典作家攀登科学理论高峰的不懈追求和艰辛历程。经典著作的文本研究，要求党校教师首先要精读马克思主义经典著作，追本溯源，在原初语境中把握马克思主义经典著作和基本理论的本真意义。要结合文本特定的政治、经济、文化背景等厘清概念、梳理逻辑、总结观点和提炼原理。经典著作的文本研究不仅要深刻理解马克思主义观察问题、分析问题、解决问题的立场内容观点，也要充分把握马克思主义的思维方式和方法，注重揭示客观事物发展过程与认识发展过程的历史规律性，反映历史发展过程内在必然性的思维逻辑性，尊重马克思主义内在的逻辑与历史的统一，充分向学员诠释经典著作和基本理论的客观科学性，充分展示马克思主义的可观察、可检验、可质疑、可修正之特点。提高领导干部的理论功底，让马克思主义理论成为看家本领，真正掌握和运用辩证唯物主义和历史唯物主义，掌握贯穿其中的马克思主义立场观点方法，深入认识共产党执政规律、社会主义建设规律、人类社会发展规律。

从经典著作导出基本理论、基本原理，或者以经典著作作为基本理论的论证依据，是党校教学实践的两种基本进路。用内在的学术框架讲经典著作，以问题导向讲经典著作，用学理逻辑讲经典著作，具有较强的教学指导意义。

当然，经典著作文本研究必然关注其自身的概念、范畴和学理框

架,但党校教学不能忽视、回避基本原理的当代价值。对此,专题设计可将其作为研讨题或者思考题予以提示、引发学员进一步思考和升华。

(二)"用学术"为"讲政治"提供事实经验验证

冷静观察和可靠证据是科学性的表现特征。政治实践、政治事实为政治理论提供实证分析的材料,马克思主义是我们立党立国的根本指导思想。唯物史观发现了人类社会发展的一般规律。中国共产党在革命建设改革实践中逐渐形成了一整套与时俱进的科学理论。毛泽东思想和中国特色社会主义理论体系是以马克思主义为指导,以中国特色社会主义实践为基础,具有马克思主义的真理性、革命性、普遍性和科学性。党根据新的实践推出新的理论,特别是党的十九大确立的习近平新时代中国特色社会主义思想,提出治国理政、管党治党的新思想新理念新战略,提出了很多原创性、时代性的概念和理论,体现了以坚持马克思主义基本原理为前提的理论创新、实践创新、制度创新,为我们制定各项方针政策和推进各项工作提供了科学指导和基本遵循。

党校教学要用马克思主义的立场、观点和方法阐释马克思主义中国化的理论创新,要能将最新理论成果的创新说清楚,不仅要将马克思主义基本原理作为科学指导和基本遵循的学理分析工具,也要以时代特征的实践基础作为学理分析的事实依据。特定历史时期的演变路径既可以为政治理论提供历史逻辑的经验验证,也可以为政治发展提供镜鉴指引。"用学术"就是通过梳理和挖掘历时事件和共时事实,对最新重大理论提供实践事实和经验实证例证,加强对党中央治国理政的新理念新思想新战略的研究阐释,实现"用学术"为"讲政治"提供事实经验验证，从而使要表述的"政治"具有实践基础和事实依据。

（三）"用学术"为"讲政治"提供学理支撑和理论解释

严谨的逻辑和清晰的论证是学理性特征。党校教学要用马克思主义的立场、观点和方法诠释中国实践、中国方案，将党和政府的重大决策部署、路线方针，依托马克思主义经典文本解读为政治话语，用学术术语解读中国社会实践。政治话语一旦成功转化为学术话语，就形成了自己的特定概念和规范，赋予政治话语新的深度和学术生命力。[①] 为此，党校教学要以马克思主义为指导，加强对我国改革开放实践经验的系统总结，加强对"五位一体"总体布局和政治能力建设等领域的分析梳理，总结提炼归纳相应的理论基础和理论依据，提供学术话语的体系化、逻辑化，形成政治话语科学性、完整性，从而使"讲政治"的政治实践具有科学的学理支撑，对现实问题具有合理的理论解释，使学员不仅知其然，也知其所以然，从而对基本方略、重大部署等领会理解更加深刻全面，用理论的科学性、学理性引导学员对树立正确思想观念和价值目标，最终转化指导实际、推动工作的政治行为。

（四）"用学术"为"讲政治"提供创新引领

我国实现中华民族伟大复兴的现代化过程中具有突出的实践内涵，这是一场前无古人、空前复杂的社会变迁，在全面深化改革的基

---

① 参见高振岗、郭婧婧：《实现中国特色社会主义政治话语与学术话语的统一》，《中国党政干部论坛》2019年第2期。

础上不断丰富现代化建设道路和特色。中国现代化过程需要学术关注，总结中国实践，构建中国理论，这为马克思主义中国化提供了广阔的中国理论构建空间，以指导推动中国政治实践和政治理论发展。但哲学社会科学理论创新滞后于丰富的社会实践，"目前在学术命题、学术思想、学术观点、学术标准、学术话语上的能力和水平同我国综合国力和国际地位还不太相称。"[①]当今时代，社会思想观念和价值取向日趋活跃，主流的和非主流的同时并存，先进的和落后的相互交织，社会思潮纷纭激荡。所以，党校教学要加强对各种社会思潮的辨析和批判，"从我国改革发展实践中挖掘新材料、发现新问题、提出新观点、构建新理论这就给党校赋予了新的、更大的使命任务，积极参与理论创新，构建中国实践之上的中国理论，实现思想创新引领。

"用学术讲政治"的诸种类型之间存在内在联系。首先，直接从理论范式提出问题的基础研究。读懂悟透马克思主义的真理性是"用学术讲政治"的基础，可谓之为"学"的阶段。其次，从现实世界寻找问题线索，然后用马克思主义的立场、观点和方法解释和回答所提出的问题，无论"用学术"为"讲政治"提供事实经验验证，还是"用学术"为"讲政治"提供实践的学理支撑和现实问题的理论解释，都系秉承马克思主义的立场、观点和方法的理论基础和前提预设，阐释中国特色社会主义理论体系的科学性和诠释中国特色的社会道路实践的客观性，可谓之为"术"之阶段。其三，立足于我国政治之现在，着眼于构建中国实践基础上政治发展与中国理论，从而实现思想创新引领，是"用学术"服务于"讲政治"的更高层次的要求。

---

① 《习近平谈治国理政》第2卷，外文出版社2017年版，第338页。

二、"用学术讲政治"的重点和难点

（一）问题导向和话语转化是重点

党校教师与学员系教学活动之互动主体，学员是教学效果的最终接受者、体现者。教师要善于发现学员存在的认识偏差和实践困惑，以学员理论困惑和现实需求作为课程内容设计逻辑起点和原动力。

党校教师要能准确将新思想新论断新战略等政治意识和制度等存在物及其规律等政治话语，通过原理溯源、概念涵摄、理论创新引领等予以学科化论证和诠释转化为学术概念、学术命题、学术知识和学术话语等，最终转化为学员喜闻乐见的、入脑入心的融政治性和学理性为一体、体现针对性和亲和力的大众话语，实现政治话语向学术话语和大众话语的转化和衔接。

（二）提炼学术分析工具是难点

能否准确提炼出用于一个专题的学术分析工具，在教学活动中对重大理论和实践等实现政治话语向学术话语的转化，并能予以理性诠释和科学表达并非易事。无论是用学术为讲政治提供理论支撑还是经验事实验证，还是构建中国理论和思想创新引领作为教育教学的学术分析工具，前提必须以马列经典著作及其中国化理论成果为首要理论源头，本学科经典论述也是学术分析工具的必要和辅助理论依据。通过理论论证、经验验证和理论创新，将论证结果与政治实践进行匹配，以期准确诠释、科学传播和正确引导之功效。

"用学术讲政治"难点的突破，一方面需要我们关注的是客观政治实践与学术理论的相容性,即学理性的学术理论对政治性的政治实践的支持、理论学术对政治观察的渗透,以及学术理论预测新的政治发展的能力等问题。另一方面需要关注学术理论本身的系统性、专业性、自治性和统一性,尤其是建立在借鉴和借鉴形成的尤其是中国特色主义理论的周延性和客观性。当然,这种诠释是科学的探求,非为任意的判断。这既涉及到教师的学术功底也受制于政治理解,也受制于授课方式方法。故,授课艺术表达也是难点突破不可或缺的必要因素。

三、"用学术讲政治"的实践指南和实现路径

(一)"八统一"是用"学术讲政治"的实践指南

2019年,习近平总书记在主持召开学校思想政治理论课教师座谈会时明确指出,思想政治理论课改革创新必须坚持"八统一"。这同样也适用党校主业主课的教学活动实践,也是各级党校(行政学院)"用学术讲政治"教学方式的基本遵循和实践指南。

1. 坚持政治性和学理性相统一

政治性是党校理论教育和党性教育的出发点和归宿。学理性是指逻辑分析加以演绎或者通过经验事实予以验证的科学性。

党校教学仅仅强调政治性而忽视学理性,不以严谨系统性、专业性的理论为基础和载体,用文件解读文件,用现象解释现象,空洞泛化难以周延深入,简单说教和灌输缺乏说服力。缺乏深度、碎片化的话语不利于讲政治的周延性、全面性和实效性。脱离政治性而搞所谓的纯学理性,和党的理论教育和党性教育不符,容易失去方向甚至犯

方向性错误。

在中华民族伟大复兴的关键时期,面对世界百年未有之大变局,党校教学必须以马克思主义为指导,教学课程专题的"用学术"应当以"讲政治"为逻辑基点,以中国特色社会主义道路的时代特征为基础,学术思想、学术立场、学术观点和前提预设等学理逻辑要严格遵循政治性,实现政治性和学理性的相统一,以严谨的学理分析回应学员,以科学的思想理论说服学员,用真理的强大内在精神力量引导学员。

2. 坚持价值性和知识性相统一

价值是可以指导人的思想,支配人的行动选择的信念、观念、理想和倾向,是支撑人类生活意义的重要观念和原则。理想信念、道德规范以及审美趣味等,都属于价值判断的主观"应然"领域。知识是人类在实践中认识自然、社会的实践成果,包括事实、信息的描述或在教育和实践中获得的技能,都属于客观实在的"实然"领域。知识旨在发现世界的真相"是什么"相应的事实陈述,无法回答人应当怎样生活的价值判断问题。缺乏知识支撑的价值理念缺乏亲和力和说服性,缺乏价值的知识容易走向误区。

党校教学离不开对知识的讲解与传授,党的理论教育和党性教育之目的在于开展符合马克思主义及其中国化的价值引领与意识形态建构,培育学员的世界观、人生观和价值观。所以,党校教学用学术讲政治应当将价值观、人生观、世界观的塑造融合在知识学习过程中,党的理论、党性教育、信仰理念要和知识性相融一体,防止知识和信仰的分裂。寓价值观人生观世界观引导于日常的课堂教学知识传授之中,将价值观念变得真正能使人信服和为学员所接受,从而变成学员内心真正接受的改造世界的物质的力量。

3. 坚持建设性和批判性相统一

建设性是指对事物正常发展有促进作用的性质，如主流意识形态，社会正能量等。批判性是指对事物富于洞察力、辨别力、判断力。建设性是正面理论的引导，批判性是对于错误思想、观点和思潮等敏锐的辨识。批判性有助于建设性的深入理解和全面掌握。俗话说，理越辩越明即为此理。

当今世界，学术流派林立，思想各异，但普遍存在西方制度、话语为主要参照，甚至用西方理论解读衡量中国实践。用学术讲政治要么陷入脱离讲政治的理想化的纯学术研究，要么陷入呈现西方理论西方标准西方价值的西化倾向，造成理论参照和政治实践的脱节，造成思想混乱。学术话语不能滞后政治话语、不能远离政治话语，更不能对立政治话语。

党校教学的批判性是服务于建设性，而不能为了批判而批判。党校教学的用学术受制于讲政治之预设前提和教学目的，建设性和批判性必须是始终坚持导和促使学员努力学习和掌握辩证唯物主义和历史唯物主义基本原理和方法论，特别是要把马克思主义中国化最新成果作为理论教育中心内容，深刻领悟中国特色社会主义政治发展道路，提出我国社会实践和理论宣传中建设性理论观点和建议，引导主流意识形态。同时对西方理论观点能深刻洞察和掌握，党校教学还要能直面各种错误观点和思潮并能以学术话语能予以理论分析和批判性回应其错误的实质、危害及其根源，坚决反对各种歪曲、篡改、否定马克思主义的错误思想。

4. 坚持理论性和实践性相统一

实践是理论之源。脱离了实践的理论，不易被人接受。脱离了理论的实践是具体的零散的，会影响实践的普及性。

党校教学的问题研究和理论构建要求学术理论植根于中国实践构建中国理论，不能脱离中国实践、中国特色。党校教学非天马行空或者"言必称希腊"的空洞理论，而是要将深刻的原理转变为生动的道理，将课堂教学所要传递的党的理论教育和党性教育转变为鲜活的现实案例，具有真实性和亲和力，实现宏大叙事和微观实践相结合，实现党性教育的针对性和亲和力。

5. 坚持统一性和多样性相统一

统一性是教学目标、课程设置、教材使用、教学管理等方面的必须遵循政治性的统一要求，这是由党和国家的指导思想的一致性，马克思主义原理的同一性等所决定的。多样性是指针对不同班级、不同层次和岗位学员要因地制宜、因时制宜、因材施教，设置多样性的教学内容、实践案例和差别性教学方法，贴近对象、贴近具体，使得党校教育和党性教育具有针对性和有效性。多样性是学员的年龄、层次、知识、素养等个性差异特征所决定。

党校教学统一性和多样性相统一，有利于既注重教学讲政治的统一性，又注重各种因素实现因材施教的多样性，最终实现教育的政治性和针对性。

6. 坚持主导性和主体性相统一

教育教学活动具有基本之规律，即教者采用恰当形式、方式和方法传道授业解惑之目的，应当充分发挥教者的引导、主持、开发的主导作用。党校教师应当是知识普及者、课堂主持人，引导学员积极参与教学活动。学是教的对象、最终效果评价主体和成果体现者，党校教学必须将学员作为主体。党校学员具有年龄偏大、多年的实践工作，丰富的人生阅历，甚至很多学员学历高，大多形成了一定思维定式和基本定型的世界观。

党的理论和党性教育具有明确突出的政治性，是党校的教学目的。党校教学的"讲政治"不同于一般的政治，具有预设前提和纪律约束。所以，党校教学要充分调动学员主体的积极性和主动性，引导激励学员将碎片化的知识予以体系化，对不符合党性的人生观等予以纠偏，对工作正确的价值观引导内化素质和素养。

7. 坚持灌输性和启发性相统一

学知识、习方法和得人格的是学习有机联系的三层次。学习需要引路人的教师的外在教化，也需要个人的内在修炼。思想政治教育要注意恰当的教学方法和方式。灌输性是通过教师系统性讲解经典原著和党的基本理论、国情省情等提高学员的知识储备和党性修养。启发性是指党校教学教师要善于通过设置问题、通过反问、课堂提问等激发学员内在的学习积极主动性，引发学员思考，最终提高学员分析问题和解决问题的能力，最终实现理想信念、人格塑造之教学目的。

党校学员多具有丰富的实践经验，绝大多数为各领域的行家，多形成了思维定式，他们一般不缺乏发现问题、分析问题、思考问题和解决问题的能力。党校教学只有更加注重对学员的启发式教学，在不断启发中让学生水到渠成得出结论，引导政治理论知识，提高政治理论素养和党性修养，这样的教学效果才能更加具有亲和力、针对性和实效性。

8. 坚持显性教育和隐性教育相统一

教育中有隐性教育和显性教育之分。课堂教学、班级研讨、现场教学等有计划、有组织、直接面向学员的教育，为显性教育。那些非计划性、无组织性、以间接含蓄的校园环境、学员服务、教师形象、校风班风等方式施于学生的教育，为隐性教育。

隐性教育在党校的理论教育和党性教育的陶冶、引导、制约等具有不可替代的作用。所以，党校教育要用好党校教育和党性教育等主业主课的课堂教学、班级研讨等主干道、开发多渠道，还要充分重视校园环境、校风班风、教师形象等蕴隐形教育资源，实现全员全程全方位育人。隐性教育和显性教育相得益彰、相辅相成，坚持显性教育和隐性教育相统一，教育效果将会事半功倍，利用有限的学制达到学员党性教育最大的效果。

（二）"用学术讲政治"的实现路径

"讲政治"与"用学术"的有机统一最终要达致政治话语、学术话语、大众话语转化、衔接和贯通。如果学术话语偏离政治话语，就会产生误导，这不仅是重大的理论问题，也关乎政治安全和党校教学宗旨之实现；如果学术话语混同政治话语，难免产生空洞化或泛化，政治话语难以入脑入心。如果学术话语不能转化为大众话语，使得政治话语转为更易接受的形式和内容，就很难使得理论教育和党性教育转化为学员的知识、方法和信仰。

1. 问题导向是有机统一之切入点

马克思曾深刻指出："主要的困难不是答案，而是问题。"[①] 用学术讲政治的课堂教学应遵循问题导向，这是教学活动针对性之要求也是党校教师课程内容设计的关键点和原动力。习近平总书记指出，"理

---

① 《马克思恩格斯全集》第1卷，人民出版社1995年版，第203页。

论思维的起点决定着理论创新的结果。理论创新只能从问题开始。从某种意义上说,理论创新的过程就是发现问题、筛选问题、研究问题、解决问题的过程。"① 我们常说理论要联系实际,对讲课来说,其实就是理论联系问题,这里的问题,就是学员的困惑。用学术讲政治的问题导向是学员可能认识偏差和实际困惑,可以通过调研了解学员的困惑,可以通过党校的"三带来"材料汇集总结学员的困惑。

2. 学理支撑是有机统一之支点

找准问题导向后,就需要用学术的术语、原理对相关问题进行分析,进行深入思考和理性论证,总结提炼出理论分析工具,以此作为将政治性和学理性统一的媒介和桥梁。正确认识和准确阐述党和国家的政治决定政治决策和政策的定性、来源、实践路径,对学员疑惑的政治理论和实践予以学理阐述或提出独到的见解、观点。一方面需要我们关注客观政治现实与学术理论的相容性,即学术理论与政治现实的支持、理论对政治观察的渗透,以及学术理论预测新的政治发展的能力等问题。另一方面需要我们关注学术理论本身的自洽性、统一性以及与其他理论异同,尤其是建立在借鉴基础上形成的中国特色主义理论的客观性。

3. 艺术表达是有机统一之方法

艺术表达是将理论支撑用口头语言、肢体语言、PPT等媒体等通过综合方式予以展示出来。艺术表达不同于书面表达,其和学理支撑相得益彰。如果说理论支撑侧重门道,艺术表达则侧重于热闹,实现

---

① 习近平:《在哲学社会科学工作座谈会上的讲话》,《人民日报》2016年5月19日。

热闹和门道之协调并进。

"用学术讲政治是新时代各级党校（行政学院）教学的一场全方位变革，要通过观念变革带动教学质量变革和教学效果变革，推动这场变革的关键就在于抓好落实。"①"用学术讲政治"的新理念和新要求需要各级党校决策层的顶层设计，需要发挥党校教师的积极性和创造性。党校教师要牢固树立"用学术讲政治"的教学新理念，强化学术训练、夯实学术功底，在教学内容和方式上自觉践行其新理念和新要求，不断提高用学术讲政治的水平。教辅部门和教学管理部门要建立与用学术讲政治相适应的管理服务方法方式，创新教学管理机制、流程、教学评估指标等，不断深化"用学术讲政治"的教学实践，全面推动各级党校教学、咨政等工作高质量发展。

课题负责人： 梁三利，中共江苏省委党校（江苏行政学院）法政教研部教授。

---

① 何毅亭：《不断深化教学改革努力开创新时代教学工作新局面》，《学习时报》2018年12月14日。

创新"教研咨一体化"体制机制研究

本轮"教研咨一体化"改革是在全国党校（行政学院）"用学术讲政治"的外部动力和我校（院）实施"教学供给侧结构性改革"的内部张力之共同推动下进行的。本项研究在对"教研咨一体化"内涵指向界定和发展进程梳理的基础上，通过总结相关省级党校的做法经验，提炼了我校（院）一体化发展的三个阶段，即孕育探索阶段、初步形成阶段和深化发展阶段，分析我校（院）一体化发展存在的问题，从目标导向、发展方式、组织领导和机制支撑等方面揭示其原因，从而提出我校（院）"教研咨一体化"发展应确立用学术讲政治、学科优先发展、以教学为中心等"三大原则"，完善组织领导、学科建设和管理"两项体制"，创新一体化的协调发展、项目研究、成果转化、激励约束和发展保障"五大机制"，从而为摆脱"点状式"和"平面式"一体化发展状况，创新"立体式"一体化发展格局提供研究支撑。

一、"教研咨一体化"发展研究概述

中共中央办公厅和国务院办公厅印发的《关于加强中国特色新型智库建设的意见》强调指出：支持中央党校、国家行政学院把建设中国特色新型智库纳入事业发展总体规划，推动教学培训、科学研究与决策咨询相互促进、协同发展，在决策咨询方面发挥更大作用。《意见》的出台从制度层面整合了教学科研咨询三类资源，推动了全国党校（行政学院）系统"教研咨一体化"发展。

（一）问题的提出与研究的意义

长期以来，虽然我校（院）重视疏通教学培训、科学研究与决策咨询的沟通渠道，着力推动三者之间的良性互动，但从校院发展战略角度推进"教研咨一体化"建设，并将其视为高质量办学的前置性条件，则是"用学术讲政治"的根本要求与"教学供给侧结构性改革"的内在动力双重力量综合影响的结果。

1. "教研咨一体化"发展是"用学术讲政治"的根本要求

2017年初，何毅亭同志在中央党校教学工作会议上作了《党校教员要用学术讲政治》的讲话，2018年底中共中央颁布《2018—2022年全国干部教育培训规划》，明确提出"做好新时代干部教育培训工作，要着力提高教师用学术讲政治的水平。"以此为契机，全国党校（行政学院）系统拉开了以"用学术讲政治"为主题的深化教学改革的活动。

"党校姓党"的根本原则决定了党校办学的本质属性就在于"讲政治"。党中央之所以办党校，就在于党校是以讲求政治为办学宗旨、以讲授政治为办学内容的学校。"党校姓党"的性质和因党而立的使命决定了党校的一切教学活动、科研活动、办学活动都应具有高度的政治品质和强烈的政治要求，在理念上组织上行动上始终同党中央保持一致。

"党校名校"的功能定位决定了党校教学首先应"用学术讲政

治"。"运用何种方式讲政治"是衡量党校履行教育功能、实现高质量办学的重要标尺。一个时期以来,党校教学事实上存在着"用政治讲政治""用政策讲政策""用文件讲文件""用事实讲事实""用口号讲口号"的现象,党校的学校特性和作为党的哲学社会科学研究机构的功能未能得到充分彰显。党校教育的基本功能即在于用理论的力量、思想的力量讲授政治、阐释政治,为政治提供学术意涵和学理支撑。

"用学术讲政治"要求党校应实现教学科研咨询一体化发展。用学术讲政治是当前和今后一个时期党校的"一号工程",更是党校的核心竞争力。深入推进"用学术讲政治",客观上要求教学培训、科学研究与决策咨询相互贯通、一体化发展。因为"教研咨一体化"是推进用学术讲政治的重要举措,依靠一体化举措,用学术讲政治才有了可靠的出发点和现实的落脚点;"教研咨一体化"是开展用学术讲政治的重要载体,通过一体化载体,教育的政治性与教育的学术性实现了有效连接;"教研咨一体化"是助推用学术讲政治的技术保障,凭借一体化技术,党校课堂实现政治性、学术性、实践性的有机统一。

2."教研咨一体化"发展是教学供给侧结构性改革的内在要求

随着"用学术讲政治"的推进,我校教学工作日益暴露出一些问题,教学供给端结构性不平衡、不充分问题较为突出,教学的供给与需求存在明显差距。

为了实现高标准办学、高质量立校目标,全面提升教学水平,2017年初,我校在主体班次进行"教学供给侧结构性改革"。这里的教学供给侧结构性改革是指用改革的办法推进教学的结构调整,减少低效供给,扩大有效供给,增强教学供给结构对需求结构变化的适应性和灵活性,切实突出主业主课、提高教学整体质量。供给侧结构性改革具体表现在教学过程中应加强四个方面的有效供给，即加快构建适合本专业本部门学科特色的教学课程体系、尽快形成新专题生成机制、不断树立老专题的精品意识、逐步完善教学管理制度体系。

主体班教学供给侧结构性改革，看似是一个教学层面的改革，但这一改革成功与否，很大程度上取决于"教研咨一体化"发展水平。具体而言，课程体系的建设是学科建设的重要组成部分，是学科发展水平在教学活动中的具体体现，同时也是学校人才培养体系建设的一个杠杆。合理的课程体系建设内在地要求学科能将科学研究的成果、社会服务的成果和决策咨询的成果及时凝练为有效的教育资源，并将这一资源整合于教学过程之中。同样，党校教学专题的设置应是能够尊重干部教育培训规律和干部成长规律、及时反映和回应重大理论问题和实践问题，并为问题的解决提供理论框架和可能路径的过程，这一过程要求新专题的生成和老专题的精品化应将教学、科研、咨询三要素内在地有机地整合于干部人才的培养过程之中，从而真正意义上助推教学供给侧结构性改革的进程。

（二）"教研咨一体化"发展的内涵

何谓"教研咨一体化"发展？何谓"教研咨一体化"发展的体制机制？所有这些问题都是课题研究首先需要界定和厘清的问题。

1."教研咨一体化"发展

党校"教研咨一体化"发展是指在推进党校各项事业的发展过程中，紧紧围绕中心、服务大局，遵循用学术讲政治的根本工作原则，坚持以教学为中心、以科研为基础、以咨询为支撑，通过教学出题目、科研做文章、咨询进决策、成果进课堂，系统推进教学成果、科研成果、咨询成果的相互转化和良性互动，在融合发展的基础上，不断释放党校办学的教育功能、研究功能和资政功能，从而实现"聚焦主业，聚力创新，推动高质量办学走在前列"的目标。这里，教学、科研、咨询构成了党校事业发展的"一体两翼"，其中，教学为主体，科研和咨询为两翼，三者的融合式发展整体助推党校办学实力的提升。

2."教研咨一体化"发展的体制机制

本研究所言之"教研咨一体化"体制机制，是指有助于促进教学、科研、咨询三要素之间良性互动、聚合发展的体制和机制的统称。创新"教研咨一体化"体制机制意味着党校的办学应突破既有的体制机制障碍，摆脱传统发展的路径依赖，为新的时代背景下"教研咨一体化"发展寻求新的体制机制发展空间。

二、"教研咨一体化"制度发展与问题分析

长期以来，尤其是推进"用学术讲政治"工作以来，全国党校（行政学院）系统重视加强"教研咨一体化"建设，形成了各具特色的一体化制度安排，取得了一定的发展成效，有力地助推了办学质量的整体提升。

（一）省级党校一体化建设的做法经验

1."以四个一体化为核心"的中共上海市委党校"教研咨一体化"

2014年，中共上海市委党校成立了"教研咨一体化"领导小组，常务副校长担任组长，分管教学、科研、咨询工作的校领导任副组长，教务处、科研处、研究生部、组织人事处等多个部门主要负责人为成

员，在校级层面建立牵头抓总的领导体制和分工协作的工作机制，实现体制机制一体化。在此基础上，该校通过资源配置一体化建设，有效利用师资、资金、项目资源；条线工作一体化建设，实现教学、科研、咨询"你中有我，我中有你"多渠道互相渗透；人才培养一体化建设，引导教师全面提高政治素质、教学能力、科研能力、咨询能力。四个一体化建设，为全面提高干部培训质量奠定了坚实基础。

2. "以机制建设为抓手"的浙江省委党校"教研咨一体化"

2017年9月，中共浙江省委党校正式出台《关于进一步推进教学科研咨政一体化的意见》（以下简称《意见》）。《意见》由指导思想、基本原则和主要任务三个部分组成。在坚持聚焦中心、统筹协调和激发活力等原则的基础上，该校建立了"教研咨一体化"调查研究机制、项目立项机制、信息沟通机制、考核激励机制、学员参与机制等五大机制。浙江一体化的推进过程中，明确要求职能部门承担谋划协调职责，相关部门聚力"教研咨一体化"融合发展，修订完善各项制度，融通政策；教研部门具体承担主体职责，通过研究、梳理有利于推进"教研咨一体化"的学科布局、主攻方向，实质性地推进一体化发展的进程。

3. "以五个一模式为内容"的云南省委党校"教研咨一体化"

2017年初，中共云南省委党校按照"教学科研联袂出题目，协同做文章，共同推进成果进课堂、进决策"的工作思路，坚持"统筹谋划、规范推进、专项资助"的原则，紧紧围绕"用学术讲政治"的主题，大力推进"教研咨一体化"建设。其具体措施是：深化"教研咨一体化"，实现"五个一"模式，即一篇调研综合报告、一篇核心期刊论文、一次主体班精彩授课、一篇高质量讲稿、一篇决策咨询报告。"五位一体"深度融合，协调推进"教研咨一体化"发展；通过建立教学成果、科研成果、咨询成果相互转化机制，使一体化建设落地生根。

4."以项目制建设为主题"的中共宁夏区委党校（宁夏行政学院）"教研咨一体化"

2018年12月，中共宁夏区委党校（宁夏行政学院）出台《关于推进教研咨一体化建设的实施意见》。提出成立以常务副校长为组长、分管教学科研决策咨询的副校长和教育长为副主任委员、相关职能部门主要负责人为委员的"教研咨工作委员会"，负责对"教研咨一体化"制定政策、协调事务。其做法的特色在于：打破以往教学、科研、决策咨询独立作业的工作模式，以"教研咨一体化"项目为载体，加强三者相互促进、相互融合，实现教学、科研、决策咨询三个方面有机合作和共同攻关。其具体做法是：一体化项目组成员部门联合调研，确定一体化项目选题、生成选题指南，并通过项目招标、评审等，具体实施一体化项目。

（二）我校"教研咨一体化"发展历程及主要阶段

梳理我校2000年以来"教研咨一体化"发展历程，大致可以将其分为三个发展阶段：

1. 孕育探索阶段（2000—2010年）

该阶段涵盖我校科研"十五"和"十一五"两个五年规划期。"十五"规划期间，我校正式提出"教学为中心、科研为基础"的办学理念和发展战略，强调科研与教学的协调与一体化发展。这一战略成为后来"教研咨一体化"发展战略的雏形和基础。随着学科建设地位的不断上升，特别是"十一五"期间我校获得三个省重点学科，依托重点学科，我校提出打造"教研咨一体化"平台的构想，坚持"教学出题目，科研做文章，成果进课堂，咨询进决策"的发展思路，通过江苏省党的建设研究基地、江苏省应用经济研究中心、江苏省科学发展决策咨询研究中心、江苏省政府研究所等研究机构和基地平台，着力统筹协调学术科研、教学科研与决策咨询科研的关系，切实提高科研成果向教学专题和决策咨询转化的水平。

2. 初步形成阶段（2011—2017年）

在前期发展的基础上，该阶段我校制定了"十二五"科研（含学科建设）规划，该规划将"教研咨一体化"视为科研发展的四大工程之一，提出要明确教务处、科研处等管理部门和教研部的职责，充分发挥教研部在推进"教研咨一体化"建设中的主体作用；建立更加广泛的合作机制。进一步加强与党委政府政策研究部门的密切联系与合作，更加主动贴近党委政府中心工作；加强党校系统内的合作；加强校内教学、科研管理部门与教研部门的合作；进一步完善课题申报和课题管理制度、科研成果奖励规定以及成果转化制度，对转化为教学的科研与决策咨询研究成果，加大奖励力度等，经过六年多时间的建设，我校"教研咨"发展更加协调，良性互动的格局初步形成。

3. 深化发展阶段（2017年至今）

如果说初步形成阶段主要以科研为重点进行一体化制度设计，深化发展阶段则更加突出主业主课在一体化建设中的中心地位。2017年初，何毅亭同志发表"党校教员要用学术讲政治"的讲话，明确提出党校教员要讲政治，要用学术讲政治，要加大教学的科研含量。在讲话精神的推动下，我校扎实推进"教研咨一体化"发展进程：成立"教研咨一体化"工作委员会，定期研判形势，协调制定相关政策；颁行《推进"用学术讲政治"的实施办法》，以讲政治为目标、以主业主课为重点，推进教学改革、确立科研高端导向、强化激励与约束，鼓励教学专题、学术论文和咨询成果相互转化，确保做到以"教研咨一体化发展"落实"用学术讲政治"。

三、"教研咨一体化"发展的基本原则和方向定位

他山之石，可以攻玉。总结各地一体化建设做法，借鉴各地一体化发展经验，有助于进一步推进我校的"教研咨一体化"工作。

（一）我校"教研咨一体化"发展的基本原则

1. 用学术讲政治的原则

"用学术讲政治"是当前党校办学的根本工作原则，更是党校"教研咨一体化"建设所应遵循的基本原则。党校的"教研咨一体化"是在"讲政治"意义上的一体化，也是以"讲政治"为前提的一体化。党校区别于高等院校最显著的特点即在于党校是一所"讲政治"的学校。这里的讲政治指的是在宏观层面上，党校以建设忠诚干净担当的高素质专业化干部队伍为使命担当；在中观层面上，党校以服务于党委政府的重大战略部署和中心工作为主要职责；在微观层面上，党校以讲好主业主课为根本任务。党校的"教研咨一体化"应聚焦于用学术讲政治这一根本主题，并在讲政治的基础上实现教学、科研和咨询的有机统一、协调发展。

2. 学科优先发展的原则

实现"用学术讲政治"统领"教研咨一体化"建设，客观上需要有一定程度的学科发展作支撑。学科建设是党校办学的一项基础性长

期性工作,是教学、科研、人才培养及师资队伍建设的结合点,也是衡量党校教学、科研、咨询和整体实力的重要标志,在党校事业发展中发挥着举足轻重的作用。因此,我校应扎实推进学科建设,夯实学科发展基础,并以学科发展为龙头,充分发挥学科的先导和基础作用,通过学科建设和学科发展引领和带动教学、科研、决策咨询工作,从而在一流学科平台建设的基础上实现"教研咨一体化"发展。

3. 以教学为中心的原则

党校因党而立,党校姓党是天经地义的要求,是党校工作的根本原则;而将党校姓党贯穿到党校工作的始终,最为重要的是要抓住作为主业主课的党的理论教育和党性教育这个重点和核心;而要将党的理论教育和党性教育成为党校教育的重点和核心,最为关键的是抓住教育教学这个落脚点和抓手。因此,尽管教学、科研、咨询是党校的三项基本职能,尽管党校办学的理想状态应是"教研咨"协同发展、良性互动,但党校的"教研咨一体化"应更加突出主业主课的中心地位、突出教学的中心地位,紧紧围绕"教学出题目、成果进课堂",推进科研和咨询工作,最终实现一体化发展的格局。

(二)我校"教研咨一体化"发展的方向定位

通过对"教研咨一体化"发展历程的分析,不难发现我校三个阶段的"教研咨一体化"建设实际上是三种状态定位和发展水平的一体化。具体而言:

1. 孕育探索阶段的"点状"一体化

孕育探索阶段的"教研咨一体化"主要表现为"单兵推进"式的一体化。在具体的办学过程中,这一阶段尽管也在形式上强调"教研咨"的协同发展，但实际上教学、科研、咨询之间主要呈现为分离状态，三要素以各自的发展目标为中心，在各自的任务导向、发展方式、业绩评价模式基础上单打独斗、各自为战，强调每一要素"点"的扩张，"教研咨"之间缺少真正意义上的彼此呼应、统筹协调、相互促进，因此，这种形态的一体化充其量只能称为"点状"水平的一体化。

2. 初步形成阶段的"平面式"一体化

在加强教学、科研和咨询研究的同时，为了克服"两张皮"的发展状况，在一体化初步形成阶段，我校通过出台相应政策、建立激励和约束机制，促进"教研咨"三要素的成果转化和成果融合，一体化格局初步形成。但由于此时的教学、科研、咨询三要素本身尚未得以充分的高质量的发展，兼之为了确保三要素成果转化和融合的机制亦未建构到位，致使教学、科研和咨询三要素未能形成真正意义上的融合，因此，这种形态的一体化可以称之为"平面"水平的一体化。

3. 深化发展阶段的"立体式"一体化

"立体式"一体化是我校"教研咨一体化"发展的基本方向定位，同时也是深化发展阶段"教研咨一体化"建设的主要特色。这种形态的一体化具有以下显著特征：

一是这种一体化是以教学、科研和咨询三个"面"的充分发展为基础所构成的一体化。因此，"教研咨"三要素的发展应按照各自的发展规律、遵循各自的发展逻辑、依照各自的发展速度向前推进；"教研咨一体化"应是"教研咨"三要素"面"与"面"层面上的结合。

二是这种一体化不是简单意义上的"均衡发展"和"同步发展"的一体化，而是"整体性发展"的一体化。这种整体发展的特性是由党校的办学性质和功能定位决定的，因此，"教研咨"三要素的发展从点到面，从广度到深度，不可能是齐步走、一刀切。

三是这种一体化是以深度研究为前提的一体化。通过加大调研、科研和教研的力度，促使"教研咨一体化"由要素分离向要素融合转化、由平面推进向立体拓展转化，进而形成"一体两翼"的整体性、立体化发展格局。

四是这种一体化是具有全局意义的一体化。这种一体化的"立体性质"不仅仅体现在学校办学的教学、科研、咨询三个基本要素上，而是体现在学校建设和管理的几乎所有方面，是以"教研咨"为核心并在"教研咨"带动下的组织管理的一体化、人才队伍建设的一体化和服务保障的一体化。

四、创新体制机制，加快"教研咨一体化"发展

"教研咨一体化"发展需要有科学有效的体制机制做支撑。为了深化"教研咨一体化"改革，加快"教研咨一体化"发展进程，提升"教研咨一体化"建设质量水平，我校当前需要加强体制机制的创新。

（一）创新"教研咨一体化"发展体制

1. 完善组织领导体制

为了着力推进"用学术讲政治"教改"一号工程"，促进教学、科研和咨询一体化建设，我校（院）成立"教研咨一体化"工作委员会。工作委员会的成立及其职能定位，改变了长期以来一体化建设缺少强有力组织领导的松散状态，从而为推动一体化发展进程提供了可靠的组织支撑。这里，我们建议进一步创新工作委员会委员组成方式。

既然"教研咨一体化"建设的主体是教研部门，因此，将教研部门纳入委员会的组成成员，让其直接参与一体化发展的形势研判过程和决策过程、直接倾听他们的诉求和建议，无疑将有助于提升一体化建设水平。

2. 完善学科建设和管理体制

学科是衡量学校教学、科研、咨询实力水平的重要标志，是"教研咨一体化"发展的依据和龙头，因此，有什么样的学科建设和发展质量，一定程度上就有什么样的"教研咨一体化"水准。我校目前的学科发展尽管在量的增长上取得了显著成效，但在质的提升上仍需进一步加强。当前，我校应不断完善学科建设和管理体制，在强化学科管理相关机构和职能部门管理职责的基础上，从全校层面上进一步廓清学科发展的总体思路、加强学科布局顶层设计，逐步改变强管理弱规划的状态；在明确学科建设责任主体的基础上，科学划定建设主体与管理主体之间的边界，进一步明晰学科建设责任主体的责任意识，逐步改变强管理弱责任的状态，从体制建设层面上提升学科建设和管理质量，以高质量的学科带动高质量的"教研咨一体化"发展。

（二）创新"教研咨一体化"发展机制

1. 创新一体化的协调发展机制

"教研咨一体化"发展是一项系统工程，需要学校相关部门有序推进、协同发展。为此，当前我校应不断创新和完善管理部门的协调机制，理顺"教研咨一体化"发展相关管理部门的职能体系和职责关系，科学划分部门的职责权限和责任边界，在职能定位的基础上，加强部门间的沟通协调、统筹协作，打通部门间的体制机制障碍，扭转部门本位主义观念，不断形成一体化发展的合力。我校应不断创新和完善管理部门和教研部门的协调机制，理顺"教研咨一体化"管理主体和建设主体之间的关系，在转变管理方式的基础上，突出教研部门在一体化建设中的主体地位，赋予教研部门更大的自主权，通过分权授权，激发教研部门一体化建设的积极性和创造性。

2. 创新一体化的项目研究机制

"教研咨一体化"是教学、科研和咨询三要素深度融合的一体化。因此，当前我校应努力克服一体化建设中存在的有名无实，甚至流于形式的"两张皮"倾向，积极探索一体化项目研究机制，以一体化项目为载体，强化一体化建设的导向作用，而不是教学、科研、咨询的各自为战，通过一体化项目整合"教研咨"三者之间的要素关系，将"教学出题目、科研做文章、咨询进决策"真正整合、落实于一体化项目的设计和实施过程之中。同时，应不断加大教学、科研、咨询的研究力度，通过项目组成员的联合调研、联合公关，建立调研、科研和教研之间的深度融合关系，通过完善研究机制、深化研究过程，优化研究空间，不断提升一体化项目实施的质量。

3. 创新一体化的成果转化机制

"教研咨一体化"发展的程度一定意义上取决于教学、科研和咨询三者之间相互促进、相互融合、相互转化的广度和深度。因此，为了顺利实施一体化项目，推进一体化发展，我校当前应不断创新和完善教学、科研和咨询三者之间的要素支持和成果转化机制。具体而言，在一体化项目设计中，首先应突出主业主课的需求导向，树立为了教学、依靠教学的意识，将主业主课作为衡量科研、咨询的价值诉求和评判标准，通过教学出题目，为科研和咨询工作的推进提供现实基础。

突出教学内容和教学评价的学术含量与学术标准，将学术研究的成果具体运用于主业主课的教学过程之中，将学术标准具体化、政策化、制度化，以学术性作为衡量教学质量的依据，以学术性作为实现教学过程政治性的基本保障。

4. 创新一体化的激励约束机制

"教研咨一体化"发展既需要宏观目标的引领，同时更需要通过建立科学有效的激励约束机制，不断激发教师的内生动力和外在压力，调动全校教职员工一体化建设的主动性创造性。当前，我校建立一体化激励约束机制应做到：一是建立科学的考核评价体系，科学合理设置考核指标，细化量化考核内容，对教学、科研、咨询的实绩进行分类考核。二是科学评价考核对象。就教师个体而言，"教研咨一体化"并不意味着每个教师都必须全面发展，而是强调每个教师的专业发展都应为一体化建设有所贡献。因此，在尊重教师差异性发展的前提下，强化对青年教师学术研究而非决策咨询的要求，这样既可以发挥其优势，又可以为学校的科研发展持续提供后劲；研究教师定级考核方法，通过一定方式对定级周期的教师进行合理的考核管理，以防止"级别越高成果越少"倾向的蔓延。三是完善激励约束手段。建立科学的主业主课识别系统和一体化建设成果识别系统，对教学、科研、咨询成果的方向进行鉴别；加大激励力度，对能体现主业主课方向要求的研究项目和咨询项目实行政策倾斜，鼓励教师围绕主业主课开展研究；统筹协调教学、科研、咨询奖励指标体系和奖励标准，通过公平公正的政策激发我校"教研咨一体化"发展的整体活力。

5. 创新一体化的发展保障机制

"教研咨一体化"发展需要相关的政策保障和机制保障。当前，我校应从全局发展的高度，通过建立科学有效的发展保障机制，大力整合相关制度资源、人力资源和财力资源，为"教研咨一体化"发展提供强有力保障。一是整合制度资源，制定完善"教研咨一体化"总体发展规划和教学、科研、决策咨询分类发展规划，为一体化发展提供政策保障。二是整合人才资源，以"用学术讲政治"的标准引导教师的专业成长，以"教研咨一体化"发展的方向引领教师特别是青年教师教学能力、科研能力和咨询能力的提升，在此基础上锻造一支适应于"教研咨一体化"发展的高素质专业化师资队伍，从而为我校一体化发展提供人才支撑。三是整合财力资源。优化整合现有的财力来源结构和分配结构，根据"教研咨一体化"发展要求，加大经费支持力度，合理配置经费资源，优化完善分配结构，加快理顺财务制度，切实为"教研咨一体化"发展提供财力保障。

课题负责人：胡宗仁，中共江苏省委党校（江苏行政学院）公共管理教研部主任、教授。

有效提高党校决策咨询的组织化水平研究

自 2015 年中央办公厅和国务院办公厅印发《关于加强中国特色新型智库建设的意见》以来，我校高度重视党校新型智库建设，积极采取措施推进决策咨询研究工作，先后成立了"四中心一论坛"决策咨询平台和智库办，更名成立了决策咨询研究中心。近年来，我校报送的决策咨询研究成果获得多位省领导批示，但对标决策咨询高质量发展要求，还有一些问题亟待解决。

本项研究遵循决策咨询的逻辑过程，在汲取兄弟省市党校和发展较好的智库决策咨询经验的基础上，提出我校决策咨询高质量发展的对策建议。

一、省内外智库决策咨询组织工作的经验与启示

决策咨询研究目的是围绕中心、服务大局，以及党校的主业主课开展调研工作，努力为党委及政府决策提供创新性强、实用性强的决策咨询报告。有效合理的组织化，对决策咨询研究工作的开展具有重要意义。课题组通过对省内外党校和其他新型智库在决策咨询工作组织化方面的调研后发现，有些较好的经验值得借鉴。

（一）中共上海市委党校（上海行政学院）

中共上海市委党校（上海行政学院）采用内外结合的方式推进科研管理制度建设，先后出台了《横向课题管理办法（试行）》《国家级、省部级课题管理办法（试行）》等多项制度。旨在鼓励精品科研，促进学科发展，更好地服务主业主课，发挥校院在党委、政府决策中的思想库作用。

第一，充足的研究经费保障。该校（院）制定了"科研启动经费"项目管理的暂行办法，对于符合一定条件的决策咨询成果可以启动相关科研项目经费，如公开出版的著作或公开发表的论文、在学校《内参专报》上发表的研究报告、被省级及以上学术研讨会录用的论文、经学校认定的教学研究成果（案例、项目等）等，都给与一定的资助。

第二，紧紧围绕党校主业主课开展决策咨询。该校（院）成立了党的建设研究院，邀请中纪委驻文化部纪检组原组长李洪峰同志担任院长。打造了"陈奇星工作室"和"党的执政能力建设"两个基地（工作室），经过三年的建设，有了良好的发展。创办了《内参专报》，其中发表的多篇研究报告多次被市委办公厅采用。

第三，加强横向合作，提高决策咨询的社会影响力。该校（院）着重加强中国特色新型智库建设，认为决策咨询研究的"选题"要聚焦重大理论和实践问题，特别是全局性、战略性、前瞻性问题的研究，这样才能贴近领导决策实际，为市委、市政府提供有效咨询和建议。围绕"科技创新和人才培养""智库建设与发展"两个议题，与中国浦东干部学院、上海社科院、光明日报社联合举办了"科技创新与人才战略"高层智库论坛；由副校长、课题组牵头人主持召开了以面对上海未来发展为中心的战略研究重大委托课题部署会议，安排了具体的时间进度表，并召开后期的成果交流会，社会反响较好。

第四，整合校内决策咨询资源。该校（院）还充分利用学校各方资源优势，并进一步完善激励、约束机制，用政策引导广大教师积极参与决策咨询工作；整合各类咨询力量，组建团队、形成合力，同时开展重点学科的终期考核评估工作，对五年学科建设的成效进行系统总结。

（二）江苏省社会科学院

第一，组建高层决策咨询论坛。江苏省社会科学院在决策咨询方面主要创办了两个论坛，聘请省内外的专家学者共同参与研讨。一是"江苏发展高论坛"，主要围绕江苏发展主题，如"聚焦富民的江苏发展""江苏'十三五'发展战略思路""贯彻落实四中全会精神、推进法治江苏建设""江苏全面深化改革"等方面，已经召开过35次会议。二是"现代智库论坛"主要是以"经济学"和"人文与社会"方面内容为主。

第二，关注前瞻性决策咨询研究。江苏省社会科学院在2010年创办了《决策咨询专报》，就江苏发生的难点热点问题尽快形成研究报告，力求时效性，其中的不少研究报告为省委、省政府决策咨询提供了重要参考。为了使社科院的科研活动更加贴近全省的中心工作，从2000年开始社科院每年初都提出若干重要选题报省委、省政府主要领导审定。在年底将这些重点课题的研究成果汇编成册上报，其中多篇研究报告获得省领导的批示。《江苏经济形势分析与预测》（蓝皮书）是社科院开展为省委、省政府决策咨询研究的一项重要工作，从1998年至今已经公开出版11本。该书利用定性与定量分析相结合的方法，研究过去一年江苏经济与社会发展的状况，对下一年度经济与社会发展形势进行预测，并提出对策建议。

（三）南京大学长江产业经济研究院

南京大学长江产业经济研究院是江苏省首批重点高端智库，国家高端智库建设培育单位，也是江苏省第一个国家高端智库试点机构。研究院依托南京大学和江苏省政府政策研究室，以中国产业经济发展为主线，形成了《长江产经决策咨询报告》《中国产经热点研讨》《中国经济动能指数报告》等代表性研究成果。第一，注重智库平台的创新发展。长江产业经济研究院突破原有部门管理体制，建立首席专家主导的课题研究制度，通过重大课题攻关，培养专业智库人才队伍。研究院拥有南京大学经济学国家重点学科、博士点、博士后流动站以及教育部协同创新中心、教育部人文社科重点研究基地等平台，能够整合江苏和国内产业经济学术研究、咨询力量，拥有一支高水平的以产业现代化决策咨询为使命的研究核心团队。在研究院的团队中，有驻院研究员和特聘研究员，特聘研究员是来自经济学领域的知名专家学者，首席专家曾多次受邀参与国务院政府工作报告讨论。成果曾多次获得党和国家领导人指示，研究院在新华报业集团"交汇点"客户端推出"志彪产经视线"，动态解读最新政策进展。第二，创新智库的管理体制机制。研究院加强智库与媒体之间的联系，建立智库与各类媒体良性互动机制；建立智库科研人员学术规划制度，推动智库整体发展目标与智库人才学术规划深度融合；以门户网站、信息网络为平台，开发科研、办公系统，通过系统集成和功能整合，整体提升信息化的应用水平。第三，注重培养专业化运营团队。在国家高端智库的建设过程中，研究院按照以习近平同志为核心的党中央对建设中国特色新型智库的标准和要求，展现时代特征，强化使命意识，依托南京大学经管学科人才云集的优势，通过体制机制不断创新，着力打造智政、智企、智校、智媒互动的有机联合体系，构建"小核心＋大外围"的产经智库研究梯队，培养专业化运营团队。

（四）江苏省政府参事室

江苏省政府参事室围绕省"两个率先"目标，从实际出发，不断探索做好新时期参事工作的新方法、新思路，提高参事参政议政的质量。对于参事工作理论研究，参事人员会及时分析参事工作中出现的新情况、新问题，不断总结实践经验，促进参事工作的自我完善和发展。

第一，专家团队来源广泛。江苏省政府参事室在参事队伍建设方面，选聘的主要对象是有代表性、有影响力的民主党派、无党派爱国人士，同时又是具有参政咨询能力的各方面专家。也选聘个别符合参事条件的中共党员为政府参事。参事人员由省政府负责同志、有关部门和单位、社会团体或个人推荐，然后由省政府参事室拟定人选进行考察，以省政府参事室党组的名义呈报省政府党组审批，批准后，由省长颁发聘任书。

第二，直接对接省委、省政府中心工作。江苏省政府分管领导每年都安排时间专门听取参事室工作汇报，研究参事工作，结合省政府的中心工作和参事室的工作实际，给参事人员出题目，交任务，提要求，同时，帮助他们解决工作中的实际问题。省政府主要领导每年参加一次参事座谈会，直接听取参事对政府工作的意见和建议。

第三，决策咨询保障充分。江苏省政府各部门对参事工作给予大力支持，对参事工作中存在的困难会认真解决。包括行政经费、统战经费，参事的调研专项经费都会本着从优的原则给予解决。同时也会对参事人员关系所在单位，在政治上关心，生活上照顾，工作上支持，为其认真履行职责创造条件。

（五）启示

启示一： 决策咨询需坚持党校姓党，找准思想引领定位。坚持党校姓党，发挥党校在党委和省政府决策中的思想库及思想引领作用，这是对党校职能的新定位、新拓展，也为党校决策咨询提出了新的发展方向与目标。要努力站在党和国家的高度，在党建、思想政治建设等方面开展研究，为省委、省政府提供战略层面的决策咨询服务。在提高决策咨询报告选题的针对性方面，可根据省委、省政府的需求，专注于热点问题制定出决策咨询课题指南，作为决策咨询人员选题提供参考。

启示二： 决策咨询需打造多层次、专业化人才队伍。加强人才队伍建设，加大培养力度，着力提升校内决策人员的决咨研究能力，建立起有韧性的人才队伍。邀请政府职员、基层实际工作部门负责人、校外专家学者共同参与决咨研究，形成以一对多的决咨研究人才体系。形成决策咨询人员集体承担课题、集体调研、集体学习理论、集体召开研讨会、根据专长集体撰写调研报告的校内科研合作模式。

启示三： 决策咨询需整合校内外优质资源。在党校校内和校外多建立交流合作平台，最大限度地整合各方优势资源。发挥好教师的理论优势和学员的实践优势是做好决策咨询工作的重要途径。搭建起教师与学员合作的平台，通过引导教师参与学员研究报告的指导，学员参与教师的课题研究，促进教师与学员的合作，实现理论与实践的融合。

启示四：高效的管理机制是高质量决策咨询成果的保障。一是建立完善决策咨询的工作机制。着重围绕省委、省政府关心的热点、难点、重点问题进行调研。加强同实际工作部门、政策研究部门的合作交流，组织决策咨询人员参与形式多样的社会调查，组织课题研究的集体攻关，为党委、政府决策提供高质量的咨询建议。二是将决策咨询成果纳入奖励、考核及职称评定，变软指标为硬约束，并按中心工作的权重赋分，用政策引导教师参与决策咨询工作。三是加强对成果转化的跟踪了解。把跟踪决策咨询成果的批示转化情况作为一项重要工作指标，多方了解掌握，及时登记备案，并适时向省委领导报送，回应领导关切。

启示五：需大力加强新型智库建设力度。习近平总书记指出，智库是国家软实力的重要组成部分，要高度重视、积极探索中国特色新型智库的组织形式和管理方式。而智库的建设要以"为什么建智库""建什么样智库""怎样建智库"为导向，以明确目标，突出特色，建立保障进行打造。大力加强建好智库，发挥其决策咨询作用，是新时代党校工作的重要内容。智库建设应紧紧抓住党校学科建设特点，处理好学术研究、教学研究与咨询研究三者关系，形成良性互动，相互促进、相互提高的格局。在中央精神与江苏实践的结合上还要再多做努力，积极对江苏省省情进行提炼总结，力争形成具有"江苏特色"的理念和经验，为全省建设发展决策提供有力依据。

二、提高我校决策咨询组织化水平的建议

（一）明确智库定位，强化对决策咨询的组织领导

一是要精确掌握党校职能的新定位新要求。在全国党校工作会议

上,习近平总书记提出,希望党校成为党和国家的重要智库。2015年中共中央办公厅、国务院办公厅印发的《对于加强中国特色新型智库建设的意见》提出要"增进党校行政学院智库创新发展"。由此,赋予了党校新的职能定位——党委和政府的重要智库。必须充分认识新定位新要求,加强和创新党校科研工作,使党校科研与咨政辅政、建言献策研究彼此支持、一体发展,用决策咨询研究的新突破引领党校科研工作的优化和晋级,推动党校科研工作跃升新高度。二是要加强对决策咨询的组织领导。注重规划引领,围绕省委、省政府工作大局,发挥好思想库作用。注重发挥决策咨询管理部门的组织协调作用,着力强化教研部门和学科群在思想库建设中的主体作用。三是要强化各级责任。既注重发挥科研部门组织协调的作用,又着力强化教研部门和学科群在思想库建设中的主体作用。四是要创造良好环境。建议出台《推进我校决策咨询高质量发展实施意见》及相关细则,制定调研经费保障制度,为决策咨询调研提供经费保障,对决策咨询成果提出明确的评价标准、考核方法。

(二)紧密联系实际,扎实推进决策咨询工作

要坚持理论联系实际,加强对江苏省省情的研究。树立问题导向的研究理念,扎实做好调研工作,突出对策建议的科学性、实效性和可行性。一是聚焦江苏省委、省政府重大决策部署,整合校内外资源,组织精干力量形成研究团队,对其中事关全局性、长期性、基础性、战略性的重大问题,加强基础性、前瞻性、对策性研究;二是聚焦江苏经济社会发展热点难点问题,加强党情政情社情信息反馈。认真研究分析当下各种具有影响的社会思潮、文化现象、网络舆情,及时向

省委、省政府反映重要思想理论动态、舆情信息；三是整合系统内外资源，创新党情政情社情汇集分析机制，建立党校特色智库经费支持保障机制，建设汇集系统内外专家的党校智库专家库；四是实现党校教师理论优势与学员实践优势的优势互补，建立学员参与党校决策咨询研究机制；五是把专业理论和江苏实际有机结合起来，提出可操作的解决方案。严格遵循决策咨询工作的规律、原则和程序，引导和组织不同学科、不同专业科技工作者联合协作，运用问卷调查与实地调研、定性分析与定量分析等方法，尽可能全面准确地了解和掌握真实情况，有针对性地提出意见和建议。

（三）强化资源整合，发挥决策咨询"乘数效应"

建立开放式的决策咨询工作体系，整合和发挥校（院）教研人员和学员的资源优势，加强与党委政府实际工作部门和其他决策咨询研究部门的交流与合作，加强与市、县（市、区）党校（行政院校）的联动合作，形成决策咨询研究合力。一是由校领导牵头，加强与党委政府研究部门以及省内主流媒体的深度合作，提高党校科研服务党委政府中心工作的能力；二是大力推进校地合作；三是注重整合全省党校系统的力量，在重大课题研究上合力攻关；四是整合学员资源。将学员调研列入主体班教学计划，围绕党委政府中心工作确定调研选题，推进学员调研课题研究；五是加强同省委研究室、省政府研究室等智囊机构和省发改委、经信委、科技厅、教育厅等综合管理部门的合作交流，在了解上情、把握省情等方面获得指导帮助；加强省社科院、社科联等部门的合作交流，提升研究成果和决策建议水平；强化与省人大教科文卫委、省政协科技委的汇报和交流，学习借鉴其参政议政的成功办法，争取将优秀研究成果纳入人大议案和政协提案渠道；六是组织人大代表、政协委员积极参与立法调研和立法咨询，发挥好人大政协与江苏省党校系统作为重要决策咨询平台的作用，促进调研成果直接进入党政部门决策程序。

（四）围绕中心工作，构建决策咨询的新支撑

一是紧紧围绕党校教学展开科研工作，建立教研咨三位一体运行机制，不断推进党的理论创新成果进教材、进课堂、进头脑。为突出主业主课，提高党校教育培训质量服务；二是加强党的理论总结和理论创新。发挥马克思主义基本理论和党的建设理论研究学科优势，深化对马克思主义中国化最新成果——习近平总书记系列重要讲话精神、"四个全面"战略布局以及"五大发展理念"的思想性、理论性、系统性、创新性研究，使党校成为引领全省学习研究宣传习近平新时代中国特色社会主义思想的"高地"；三是及时跟进中央重大决策部署，围绕省委、省政府中心工作。与党报党刊党网紧密合作，做到重大节点有声音、重大问题亮观点、重大时段搭平台，及时宣传解读省委重要会议和重大决策精神，为全省党员干部学习领会中央精神、贯彻省委部署提供正确引领和学理支撑。

（五）夯实基础工作，完善决策咨询"两库"工程

第一，建立健全系统集成和成果共享机制。建设江苏党校系统决策咨询工作平台，整合决策咨询专家调查信息系统，完善决策咨询选题库、数据库、专家库、成果库，面向全省党校系统开放使用。

第二，提高"两库"的使用效率，实行动态管理和维护，力争

用三年时间将江苏省党校系统具有副高以上职称的专家、以及有一定特长的专业人士全部收录入库,进一步增强"两库"的权威性、专业性、互动性和准确性,为决策咨询服务提供可靠的人才支撑和数据库保障。

第三,积极做好发现、凝聚、培养、举荐、使用决策咨询人才各项工作,逐年遴选一批政治素质好、政策水平高、决策咨询能力强的专家,纳入省级党校思想库人才库,成绩突出者给予表彰奖励。

(六)强化平台建设,完善决策咨询成果转化组织机制

一是强化平台建设。围绕省委、省政府中心工作,结合党校的特点,组织团队持之以恒地研究,形成相对稳定的具有核心竞争优势的研究方向;二是加大应急课题研究的组织力度,完成省委、省政府交办的重大任务;做好服务,为教师调研创造更好的条件;三是为教师深入基层调研、深入学员调研、了解熟悉省情等提供更多的便利和更好的服务;四是发挥专题论坛平台效应。建议创办《江苏决策咨询论坛》及配套的杂志《江苏决策咨询建议》,打造有特色、有影响的专题论坛,组织本校决策咨询专家广泛开展交流研讨,汇集形成一批具有前瞻性、战略性、可操作性的政策建议、决策咨询报告。

为推进成果转化,我校创办《研究报告》,将课题研究成果报送省委、省政府领导和有关职能部门,为党校决策咨询成果提供转化平台。建议根据省委、省政府中心工作和主业主课,组织本校、全省党校系统专家开展课题研究,推动各类重点课题成果转化为研究报告,更好地发挥服务、支撑和影响决策的作用。不断丰富决策咨询成果报送渠道。

（七）完善管理制度，强化决策咨询品牌建设

着力规范管理。制定完善调研课题管理制度，规范选题征集、课题申报、评审立项、中期评估、结项验收、成果提炼等工作流程，提高调研课题完成质量。制定完善决策咨询建议征集管理制度，把定期征集与日常收集结合起来，把围绕特定主题征集与自由建言结合起来，充分调动决策咨询工作者参与决策咨询的积极性。强化决策咨询品牌建设，形成党校决策咨询的"高地"。运用好我校两刊一报、各类研讨会、高层论坛等平台加大我校专家团队的宣传力度，扩大我校专家的影响力。由我们主动寻找课题到相关单位主动寻求与我校的合作，形成良性的发展循环；把调研和宣传工作有机结合起来，加大对决策咨询思想库建设工作的社会宣传力度，树立鲜明的我省决策咨询思想库的品牌形象，有力推进我省党校系统决策咨询工作的高质量发展。

课题负责人：盛华根，中共江苏省委党校（江苏行政学院）经济管理教研部主任、教授。

提升组织化程度推动
党校决策咨询高质量发展

2015年,中共中央办公厅、国务院办公厅发布《关于加强中国特色新型智库建设的意见》,其中强调要加强中国特色新型智库建设,建立健全决策咨询制度,并进一步强调党校行政学院是新型智库建设的重要组成部分,要着力为地方党委和政府决策服务。这为党校决策咨询研究向高质量发展提供了重要契机,但同时也对党校决策咨询的组织化水平提出了更高的要求。

一、提升党校决策咨询组织化水平的必要性

《中国共产党党校工作条例》明确规定党校的工作包括教学、科研和咨政三大任务。其中,教学与科研作为党校工作的中心与基础,一直被放在重要的位置,而决策咨询作为连接两者的中间环节往往不够被重视。实际上,决策咨询研究是对接前端科研资源、结合经济社会发展的实际问题来形成相关报告,并可以为最终的教学工作提供更多素材与实践支撑的一个重要环节,是党校教师将"论文写在祖国大地上"的重要体现。因此,提高其组织化水平能有效推动党校工作的高质量发展。

（一）有助于提高党校整体竞争力和社会影响力

党校在承担着培训、轮训干部的重要任务的同时，作为中国新型智库建设的重要组成部分之一，也承担着为党委政府提供决策参考的责任。让更多的决策咨询成果产生效用，不仅能帮助解决基层实际中遇到的问题与困难，而且能提高党校在众多党政部门乃至整个社会中的"知名度"。以提高党校决策咨询的组织化水平来推动党校决策咨询研究的高质量发展，做到咨政成果"在报刊上有声音，在决策中有身影"，成为党委政府信得过、用得上、有贡献的新型智库，才能进一步扩大党校的社会影响力，提升党校的地位。

（二）有助于实现教师"学术思维"与"实践思维"的统一

党校教师大部分都是"从学校门到党校门"的"两门教师"，时常会因为不了解基层情况，所提对策建议不符合基层实际而被学员吐槽。与学术研究不同，决策咨询研究的整个过程都要求紧密结合实际，时刻聚焦现实问题和各级党委政府决策中的重点、难点和痛点，这就倒逼党校教师将"学术思维"转变为"实践思维"：注重政策信息积累，提高政治敏感度；时刻关注宏观发展趋势和省、市基层的热点难点问题，建立敏锐的问题导向意识；经常走出去，走入学员、深入一线，建立广泛的调研网络，增加对省情、市情基本情况和统计数据的积累。

（三）有助于提高教师"用学术讲政治"的水平

2018年11月，党中央印发了《2018—2022年全国干部教育培训规划》，提出要着力提高教师用学术讲政治的水平。所谓用学术讲政治，学术只是手段，讲政治才是目的。"讲政治"的过程需要准确把握党的理论、路线、方针、政策、措施；需要实地调研、关注并研究学员"两带来"问题，等等。这个过程恰恰是决策咨询研究的前端调研过程。而"用学术"，不仅仅为党校教师的课堂提供根本的学术遵循和学理框架，也为党校教师的决策咨询报告提供规律指引和分析依据。可以说，一份高质量的决策咨询报告有助于教师"以写促讲"——收集更多的专业知识、相关数据、实际案例和政策文本，淬炼出有见地、有针对性的实证观点，为党校教师在讲课中"讲出理论的力量、思想的力量"提供大量素材，从而以决策咨询的高质量推动教学的高质量。让来党校培训的干部听了理论上更通透，认识上更清醒，转化到实践更知道如何才能把工作干得更好。

二、构建"以终为始"的决策咨询全流程管理模式

借鉴兄弟党校经验，应当以选题确定、团队组建、运行机制完善为抓手，对决策咨询研究形成全流程的管理，提升决策咨询研究管理的组织化程度。

（一）选题管理：两类选题提前准备

在选题确定上，既要以决策部门的咨询需求为导向，应政策之急，为A类选题做好准备；同时也要保障我校决策咨询研究供给水平的不断提升，为B类选题打好基础。

1.提前谋划：定期征集决策咨询选题指南，为A类选题做好准备

一是定期在全校发布决策咨询选题征集通知，逐步形成决策咨询

选题库。要求各教研部门或者多个教研部门合作提交相应的选题。然后由校内外专家进行评审，选出部分具有研究价值的选题作为决策咨询选题库，对提出高质量选题的部门可以作为其年度部门优秀组织奖评选的参考之一。二是利用现有平台定期组织教师跨部门学术交流活动，形成课题兴趣小组，每个小组围绕近期国内外相关课题和实践热点，形成相应的选题，作为决策咨询选题库的定期补充。通过定期的学术交流会，加强教师跨部门的学习，碰撞出教师的思维火花，在灵感乍现中提炼出更多具有现实研究价值的选题。三是重点挖掘学员地理优势、信息优势、部门优势，对于重要部门学员可长期跟踪联系。

2. 深度挖掘：提供定制化调研渠道，为 B 类选题打好基础

一是为不同学科的教研部门定制调研路线。通过向不同教研部门征集感兴趣的调研地点和路线，结合现有的调研资源，形成一批调研路线库，供教研部门选择，使教研部门成为调研路线的主动设计者。二是开展深度调研、多次调研。虽然学校在积极拓展教师的实践调研机会，但很多的调研都是走马观花，形成不了高质量的决策咨询报告，这主要是因为调研路线太分散，不够深入。因此，可以提供一个调研点的多次调研、深入调研，特别是针对时下热点问题的重要实践地，可以建立调研基地，方便教师的随时调研，以此激发教师对现实问题的深入思考。

（二）团队构建：打造整建制部队与灵活机动的"教师项目组"

1. 打造整建制部队，加强决策咨询战斗力

整建制部队是决策咨询研究的第一梯队。由决策咨询中心牵头，

培养专业化、整建制"部队",攻坚 A 类选题,提高党校决策咨询工作在省委决策中的分量与地位。

2. 构建灵活多样的项目组,形成专业队伍的"孵化池"

"教师项目组"作为专业队伍的"孵化池",保证了研究的可持续性。一是提高学科多样性。决策咨询研究应该打破部门之间固有的限制,将所有的教研人员都作为决策咨询研究的参与人,至少保证项目组成员中有两位是来自不同的学科,以形成多学科融合的研究视角。二是提高能力结构多样性。项目组成员中既需要有在该项目研究方向上有深厚学术积累的教师、也需要文字功底好的教师、数据统计分析能力强的教师,更需要实践经验丰富的教师,才能发挥出不同成员的能力优势,形成资深教师引导,成员各有优势的高质量"项目组"。三是提高单位多样性。鼓励项目组吸纳来自不同单位,如省委省政府研究室、省社科院以及相关职能部门工作人员参与。

(三)运行机制:形成立项式管理,以立项推动流程

一是事前严格把好审核关。由科研处负责审核选题和项目组人员构成,确保选题高质量以及项目组构成的多样性。二是事中把好调研组织关。由决策咨询中心负责教师与各个部门(教务处、科研处、学员处以及各个教研部)之间的枢纽联系,教师只需将调研需要告知决策咨询中心,决策咨询中心便负责组织协调,保证调研工作的顺畅进行,确保咨询的效率和成果的质量。三是事后把好报告审稿关。由科研处组织校内、校外专家进行匿名评审决定报告是否可以报送,匿名评审周期不宜过长,建议1—2周。另外,在成果报送上,进行分类管理:对于 A 类选题,一旦确立立项,马上组织人员进行调查研究,从

提升组织化程度推动党校决策咨询高质量发展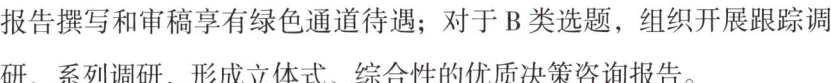

报告撰写和审稿享有绿色通道待遇；对于 B 类选题，组织开展跟踪调研、系列调研，形成立体式、综合性的优质决策咨询报告。

（四）保障激励机制：最大程度调动参与主体积极性

1. 加大对青年教研人员决策咨询能力的培养

党校决策咨询高质量发展需要一支高素质的科研团队，教研人员决策咨询素养的提升是基础。随着我校人才引进力度的加大，对青年教师加入决策咨询研究中的需求将越来越大。因此，从理念重塑、能力培养和激励督促等方面对青年教师决策咨询素质的培养显得更加重要。

一是要重塑青年教师的科研理念。对新进校的青年教师最重要的就是对其进行科研理念的重塑，通过讲座、培训、政策宣讲等形式使其了解到决策咨询工作的重要性，并从思想上认同决策咨询工作，将其作为自身职业发展中的重要一环来自觉重视。同时，还要让年轻教师牢固树立"精品"意识，要有"高立意、高追求"，不局限于跟随研究，要敢于、善于承担 A 类选题，多出"精品"。

二是要培养青年教师的决策咨询能力。首先，给予青年教师更多参与机会。给予青年教师参与省、市重大决策咨询项目的机会，使其能掌握决策咨询研究的基本特点和规律，在参与项目研究中尽快成长。其次，组织决策咨询研究的精准培训与"学术帮扶"。学校可以多邀请相关专家开设讲座，从决策咨询报告选题、调研、写作、行文作风等方面对其进行精准培训；教研部门也要积极开展"学术帮扶"，让部门资深教师想办法帮助有参与意向的青年教师弥补决策咨询研究中遇到的短板。不仅要让更多的青年教师能够加入到决策咨询研究中来，还要让加入进来的教师有能力干、干得好。再次，定期选拔优秀青年教师到基层部门挂职。有计划地选拔部分青年决策咨询骨干教师到政府或基层相关部门挂职锻炼，增加其实践经验，通过挂职中的实战过程，快速了解基层发展情况，建立以问题为导向、以实践为基础的决策咨询思维。

三是要激励与督促青年教师参与决策咨询工作。一个是做加法不做减法。对于青年教师要做好动员、鼓励、激励工作，对愿意参与决策咨询工作的教师，或者对取得优秀成果的教师给予一定的奖励，激发其参与决策咨询工作的热情。另一个是不考核但公开。对新进校5年以内的青年教师不设立决策咨询工作方面的考核，但要对参与撰写工作的青年教师的数量、获得的成果进行跟踪统计，对优秀的参与者或者成果给予公开奖励，形成对青年教师参与决策咨询工作的无形压力，督促其成长、进步。

2. 充分调动学员参与决策咨询的积极性

充分挖掘与整合学员优势，提高学员在决策咨询研究中的参与度与组织程度，是党校决策咨询组织化水平提升的关键之一。学员作为党校独特的人才资源，认识其对党校决策咨询研究能力提升的重要性、拓宽其参与决策咨询的途径和方式并创新激励考核方式，对充分挖掘其优势，形成党校教师和学员联合科研的协同发展态势，提升党校决策咨询能力具有重要的作用。

首先，提高认识：学员参与决策咨询重要性。提升党校决策咨询组织化水平，对学员资源的高效组织是关键之一。必须充分认识到深入挖掘党校学员优势的重要性和必要性，认识到党校学员在实践背景、从政经历上的优势所在，只有在思想上给予了其认同感，才能从日常的培训内容、培训方式上有计划、有针对性地增加学员参与决策咨询的内容，并且愿意在决策咨询工作中主动地寻求学员的支持与帮助。可以经常组织调研座谈、学术沙龙等多样的课后交流形式加强教师与学员之间的面对面交流，提升双方的认同感，找到双方的融合点，为共同开展决策咨询工作奠定基础。

其次，拓宽渠道：学员参与决策咨询的途径和方式。一是依托教学方式创新，形成多样的互动课堂。通过提供有问题导向的教学设计，鼓励学员在课堂上主动发言、主动献策，以此激发学员对现实问题的深度思考和分析，进而提出有针对性的对策建议，对有深入想法的学员，课后也要保持联系，通过进一步探讨和协作，将课堂成果落地落实；二是跨班级成立学员调研小组。通过吸纳不同班次的学员加入到感兴趣的调研小组中，和党校各个部门的教师进行资源对接，一起合作制订详细的调研计划，并协作完成调研报告；三是鼓励学员成为"教师"。针对教学、科研以及决策咨询过程中遇到的实践困惑，可以主动邀请相关部门的学员开授专题讲座或者进行专题沙龙，既加强了与学员之间的交流，给予了学员更多参与和表达的机会，教师与学员之间又可以相互借鉴、取长补短，构建协同创新的学员参与决策咨询新机制。

再次，激励考核：鼓励学员主动参与决策咨询研究。一是将学员参与决策咨询的情况纳入对学员在党校培训的综合考核中。将学员在校通过各种方式参与决策咨询的情况，纳入学员综合考评系统，作为学员结业成绩评定、评选"优秀学员"等方面的重要依据。二是增强学员决策咨询成果转化的便利性。学员在党校学习期间形成的决策咨询成果，可以由党校科研专家组进行评估，对质量较好的咨政报告，直接以党校决策咨询报告的形式报送上级有关领导批示，为学员参与党委政府决策工作提供更加便利的途径。三是将优秀决策咨询成果汇编成册，形成案例集，供教研人员和下一期学员参考。对学员在校期间参与的决策咨询成果，进行筛选，将质量较好的报告汇编成册，放在学员公寓，无形地激励和督促学员们参与到决策咨询研究中来。

（五）后续跟踪：注重隐形成果转化

组织成果的最大化包括对形成的决策咨询报告进行纵向的深挖和横向的转化。在纵向深挖上，要给予完善的后期保障机制，保障有价值的决策咨询报告可以继续深耕，形成教、研、咨一体化发展。一是对高质量的决策咨询研究成果配套后期资助课题。获得批示和被相关部门采用的决策咨询研究成果已经具备了较高的研究价值，可以配套相关课题，促进决策咨询研究成果向科研学术成果转化。二是优质的决策咨询报告选题可以直接入选结构化研讨课程的选题，甚至形成日常的教学专题。三是鼓励教师通过学术报告会传授自身的决策咨询成果，并进行专题讨论，在进一步提高决策咨询报告影响力的同时，形成对其他教师研究兴趣的激发。

在横向转化上，要鼓励教师将自身的教学、科研成果转化为决策咨询报告。一是对愿意将科研或者教学成果进行转化的教师给予后期调研的资助，形成有价值的研究报告后再给予一定奖励。教学、科研成果的转化需要更多的实地调研支撑，对主动将自身科研积累或教学专题向决策咨询研究转化的教师或者教师团队，应给予一定的资金支持和调研渠道保障。二是采取"分步激励"的方法鼓励教师将教学、科研成果转化为决策咨询研究报告。对有意向将教学或科研成果转化为决策咨询报告，并且选题通过专家评审的教师个人或者团队，可以先给予部分启动资金；形成了决策咨询报告并通过专家评审，进入报送程序的，再给予部分奖励；成功获得批示后按照决策咨询研究报告的科研奖励全额发放剩余奖金，除此之外，还可适当提高主体班次课时系数作为额外奖励。

课题负责人：薛莉，中共江苏省委党校（江苏行政学院）社会和文化教研部主任、教授。

加强教学专题学理支撑的对策研究

　　加强教学专题学理支撑，从字面上理解是学术行为，从党校教师的特殊身份理解就是政治行为。它要求教师具备极强的政治使命感，能够训练自己通过课堂上的学术共鸣将学员涵括进学术共同体，共同运用历史唯物主义的视角考察社会现象、分析社会问题，探索政治现象和政治关系之间的逻辑关联。加强教学专题学理支撑需要教师具备"学术之眼"，能够将现实问题准确地转换为学术问题、进而自然地嵌入学术框架予以逻辑解读；学术框架搭建的关键在于学科接口的精准度、构成要素的完整性以及各组成要素之间的自洽程度。加强教学专题学理支撑并非简单强调对现实问题进行理论阐释，而是追求从理论到实践的还原，强调能够运用多维度的学科视角解释中国现代化进程中若干问题和现象的历史必然和未来可能。

　　精品教学专题的共性在于充分强调专题内容和分析方法的当代价值、凸显理论创新对解决现实问题的意义，以层层递进的逻辑结构增加学员的代入感。教师在教学专题讲授过程中如果能寓价值观引导于知识传授之中，适时采用多学科的分析工具，运用通俗易懂的语言表达技巧，可以为教学专题学理支撑的加强锦上添花。

一、加强教学专题学理支撑的前提

党校教学专题关注的都是重大理论和现实问题，学理支撑的过程就是对重大理论和现实问题进行学术透视的过程，该过程旨在客观准确地评价事物现状，深刻地揭示事物本质，对事物演进的路径和可能的趋势进行科学系统地描述和预测，进而提升学员对重大理论和现实问题的理性认知能力。

（一）遵循马克思主义的政治逻辑

作为培训党政领导干部的主渠道，党校的职能决定了学校的特殊性质，"特就特在我们是一所讲政治的学校，高校的重点是讲知识，而党校的重点是讲政治"①。政治本身就带有鲜明的价值倾向，强调的是学者对待社会的态度而不仅仅是对待科学的态度，讲知识和讲政治遵循不同的逻辑和伦理，讲政治要求学者将价值与利益考量置于事实本身之上。作为中国共产党的党校，我们在讲政治时必须运用马克思主义的基本原理，遵循马克思主义政治学的逻辑，关注中国改革开放的实际，探索中国社会的发展规律。马克思主义政治学研究密切关注政治关系，旨在寻找政治关系与政治现象之间的逻辑关联，并因此推导出政治现象背后的政治合理性。马克思主义政治学认为"政治关系不能简单地从思想或观念上加以解释，也不能从政治现象来解释政治现

---

① 王东京：《关于用学术讲政治的几个问题》，《学习时报》2017年8月5日。

象,而应该发掘社会政治关系的更深层次的本质。政治现象和政治关系不是独立的,它们受到社会经济关系和社会关系的制约。只有把政治关系与一定社会的发展条件联系起来,政治关系才能得到科学的说明。"[1]

作为省级党校的教师,在教学专题研发的过程中讲政治,就是要理性观察江苏经济发展对整个江苏社会变迁带来的影响,分析在上述变迁中出现了哪些新的政治现象?导致这些政治现象出现的原因是什么?政治关系中的各利益主体在上述变迁中的相互张力在发生怎样的改变?这种张力的改变会将江苏社会的发展引往何方?如何保证江苏经济社会发展能沿着江苏省委、省政府在国民经济和社会发展"十三五"规划纲要中描述"经济强、百姓富、环境美、社会文明程度高的新江苏"的方向发展?寻找教学专题学理支撑过程更重要的意义在于对中国的新实践、新思路、新判断、新结论、新趋势进行科学判断和证明,而这一判断和证明的过程将会使党员领导干部对相似问题的学理认知更加全面和理性。

(二)研究范式从规范到实证的转换

校(院)主体班次学员主要系江苏省各级党政部门、各高等院校、各国有企事业单位副处级以上领导干部,以及各乡镇的党委书记。他们都是国家公职人员,来党校学习的目的非常明确,就是希望通过学习提升自己的理论水平,并最终将所学理论用于分析和解决现实问

---

[1] 王沪宁:《政治的逻辑:马克思主义政治学原理》,上海人民出版社2004年版,第8页。

题。但是党校教师对问题的研究大多采用规范研究的范式,规范研究关注应然,强调依据相应的原理和准则对研究对象进行预判,以确定是否偏离以及如何调整,所以,党校教学专题往往以政策建议作为整堂课的结尾。问题在于中国现已进入开放性和流动性极强的高度复杂性和高度不确定性社会,来自于过往经验的对策方案有着其特定的基础和前提,如果忽视上述对策经验能够有效的前提和基础,直接复制以应对江苏经济社会高速发展所遭遇的资源、环境、技术创新和区域协同等瓶颈往往见效甚微、甚至无效。

因此,党校教学专题的研发要实现从规范研究到实证研究的转向,"有实证研究精神的社会科学家,往往有意识避免做出具体的政策建议,因为他们意识到两个问题,一是自己的研究也具有价值关联性,二是研究方法具有局限性,无法达到不容置疑的结论"[①]。实证研究强调对社会发展现状的学术调查。学术调查不同于普通的社会调查,普通的社会调查往往没有方法论的指导,仅仅通过搜集相关资料以了解某种社会现状,比如"江苏省老龄人口的比例"就是典型的普通调查;而学术调查有着非常清晰的假设并通过调查研究来检验假设,进而寻找新的问题、或者发现新的规律,譬如"不同规模城市流动人口的年龄结构"就是典型的学术调查。党校教师只有熟练掌握学术调查的科学方法,才能挖掘出社会现象背后隐藏的各种问题,进而在研究问题的过程中厘清逻辑、预判趋势。

需要特别指出的是,近代以来,受古希腊哲学的影响,认识论已

---

① 咸务念:《论中国教育研究的实证转向》,《四川师范大学学报》2017年第4期。

经成为科学研究的思维定势，人类的所有认识活动都是为了寻找真理（认识过程中的主观与客观相符），人们在寻找真理的过程中通常只能达成"共识"。罗尔斯提出的"重叠共识"和哈贝马斯提出的"交往共识"，讨论的只是达成共识的不同途径，"权威可以营造出共识氛围，可以对任何一种思想元素做出最严密的科学论证"[①]。但是党校教师应该意识到学员的特殊性，就如何达到课堂共识来说，只有逻辑和方法才可以使学员真正受益。研究方式从规范往实证的转向，并不是不要理论，而是要加强经验与理论的勾连，加强经验对理论的检验，谋求理论对实践的关注和指导。

（三）打造基于学术共鸣的课堂共同体

党校教学专题的受众是学员，党校教师在教学专题研发过程中必须细致考虑学员的理解程度、接受程度和受益程度。上述"三度"，是党校教学专题的正当性所在。通过研究学员的"三带来"材料发现，党校学员的共性困惑在于如何克服理论和实践"两张皮"现象。该困惑投射出学员和教师之间的沟通藩篱，打破上述藩篱最有效的路径就是教师在研发专题的时候要具备"厚重扎实的理论功底、直面现实的问题意识、纵论古今中外的宽阔视野和清新淳朴的授课风格"[②]。对上述四个要素的理解和把握直接决定了学员的"三度"，其中问题意识是专题研发的前提，"视野之宽阔、授课之清新"于好的专题而言只有锦

---

① 张康之:《对社会科学研究方法的认识》,《北京行政学院学报》2018年第2期。
② 中共中央党校教务部:《老讲稿》,中共中央党校出版社2013年版,第1页。

上添花而非雪中送炭的功用，只有理论功底之厚薄方能决定专题的定位与水准。

党校教师在加强教学专题学理支撑过程中的难点在于引发学员的学术共鸣，而非感觉共鸣。理想的课堂应该是教师和学员组成的学术共同体。"人的意志在很多方面都处于相互关系之中；任何这种关系都是一种相互的作用，只要这种作用是由一方面所为或者所给的，而另一方面是遭受到或感觉到的"①。好的教学专题只是载体，其承载教师和学员对通则性问题进行学术交流的目的，更为重要的是这种交流是自愿的，终止更是自由的，课堂纪律并不能真正维系这种交流，维系课堂交流的只能是共识。

党校学员来自于不同地域、不同职能部门，他们职业的特殊性使他们关注的问题自然会带上公共属性，因此只有那些拥有"社会学想象力"的教师才具备党校教师的心智品质，才能将现实生活中的个人困扰与社会变迁中的政治关系勾连起来，并通过学理分析转换为通则性问题，以赢得学员共鸣并最终达成共识。"社会学的想象力使我们有能力把握历史，把握人生，也把握这两者在社会当中的关联。这就是社会学的想象力的任务和承诺。卡尔·马克思之所以在智识上秀出群伦，根本上在于这一品质"②。因此，打造基于学术共鸣的课堂共同体才是加强教学专题学理支撑的重中之重。

---

① 〔德〕斐迪南·滕尼斯著，林荣远译:《共同体与社会》，商务印书馆1999年版，第52页。
② 参见〔美〕C.赖特·米尔斯著，李康译:《社会学的想象力》，北京师范大学出版社2017年版，第5页。

二、加强教学专题学理支撑的路径

学理就是用学术阐明道理，学理支撑即运用相关学科的概念、理论和方法对研究对象进行科学性证明和规律性认识。不同学科对同一问题进行研究的理路是完全不一样的，加强教学专题学理支撑的关键在于寻找最准确的"学"，对问题进行分析，并最终得到最全面、最科学的"理"。

（一）学科接口的多维度

教学专题能否获得学理支撑的第一步，是将现实问题转换为学术问题并对接相关学科的问题阈，使其成为该学科的研究对象。

1. 任何学科都有完整的概念群落

"概念之间有着一定的逻辑结构，种属分明。同时，每一个概念的使用又都能够得到相邻概念的支持，对一个概念的定义也可以在种加属差的路径中得以完成"[①]。例如，政治学包含政治哲学和政治科学两大门类，政治科学的概念群落则更多地涉及对国家、政党、政府、媒体和公民等政治主体的政治行为的关注，是"对政府和其他政治主体的政治行为做动态的考察和量化处理"。

2. 任何学科都有着自己的问题阈

即相对稳定的研究对象，且问题阈本身也呈现出一定的层次结

---

① 张康之：《公共管理学学科建构的过程与依据》，《内蒙古社会科学》2018年第4期。

构，处于同一层次的问题阈之间既有区别又有联系。例如，政治学研究的基本问题是"权力与权利、法治与民主、政治文化与政治社会化、国家类型与国家形态、政府体制、政党制度、政治行为与政治发展等"。

3. 任何学科都有着一系列来自于实践又经过实践检验的理论

这些理论在相互竞争又相互递进的论辩中推动着知识的增长和实践的创新。例如，21世纪兴起的新公共服务理论就是在对新公共管理改革运动中产生的一系列行政学理论进行论辩的过程中产生的。

4. 任何学科都拥有本学科独有的研究方法

例如，"政治科学至少经历了三种不同的风格或方法：传统的、行为主义的和后行为主义的"。传统政治科学的研究主要采用制度主义的方法，注重规范研究和定性分析；行为主义盛行时代的政治科学研究则更多地植入心理学等方法，注重实证研究和定量分析；后行为主义时代的政治科学研究则谋求前两种风格或方法的融合。

据此，可以江苏省党校（行政学院）系统精品课专题"西方政治制度比较"为例作具体分析：该专题显然属于政治学，而且属于比较政治学的研究范畴，所以该专题在第一部分就直接从政治制度的概念入手，简单介绍了政治制度的概念群落（国体、政体、国家结构、选举制度、政党制度、议会制度、行政制度、司法制度、监督制度）；进而介绍了政治制度的功能（规范政治权力的运作、保证公民的政治参与、维护统治阶级的利益、维护社会的稳定发展）。该专题将重心放在了第二部分，聚焦到了"政体"这一核心概念上，且着重比较了6个西方国家"政体"的特质及运行的异同，通过比较分析让学员对第一部分政治制度概念群落中所涉及的概念有了非常感性的认知，使学员对西方政治制度所涉及的理论有了全景式的了解。该专题之所以能获得江苏省党校系统精品课就在于对比较政治学的概念群落、问题阈和传统理论把握较好。但该专题的美中不足在于被制度主义的分析方法所困，未能运用行为主义和后行为主义的研究方法对西方政治制度所面临的困境进行解读，未能看到当下西方国家公民在政治心理上的变化引发的对政治制度的不满，更未能比较当下中国公民的政治心理、政治需求和西方国家的异同，这就使得专题的第三部分"启示"显得相对较弱。

因此，学科接口其实就是"学术之眼"，是每个学科观察问题的视角。寻找学科接口并非拘泥于单一学科，也并非要求单一框架，关键在于框架本身是否合适，构成框架的要素是否完整，要素之间是否自洽。党校教师只有对所属专业的理论真懂、真信，才能做到真用、会用、用准、用对。

（二）学术逻辑找寻的多向度

从学员构成的角度分析，校（院）主体班次主要分为两类：一类是学员的级别和岗位都相同，如乡镇书记班、团委书记班等；另一类是学员级别相同岗位不同，如进修班、中青班等。虽然主体班次学员通过"三带来"材料所提交的问题各式各样，但几乎都和江苏社会治理遇到的问题相关，都折射出中国社会，尤其是江苏在经过社会发展和社会运行的加速化之后，遭遇到越来越多的管理困难。现代化的进程让当今社会显现出越来越强的流动性，流动性作为几乎没有阻力的、以迅速的速度在全球范围内扩散的人流、信息流、货币流和货物流的特征，这个特征能够迅速地蔓延到各处，正是这种流动性打破了社会系统各要素之间原有的张力均衡。社会系统的结构因流动性的兴起而发生着巨大的变迁，如果管理实践不去关注这种流动性的影响，哪怕达成一些小的管理目标，都会变得非常困难。

如果不能及时回应江苏经济社会快速发展对管理变革的挑战，我们的教学专题就失去了研发的意义。以"推进治理体系和治理能力现代化"这一议题为例，传统社会治理"所谋求的就是所有社会构成要素的各安其位。落实到管理中，也就是通过确立组织结构、协调组织关系等去获得秩序和有效地达成管理目标"[①]。科层结构一直是政府管理赖以开展的基础结构，建立在稳定的科层制结构上的、静态的政府管理模式所惯用的、以政府为主导的行政逻辑，很难有效回应以"流动性"为特征的社会结构变迁所带来的挑战，一旦回应不力，社会治理就可能陷入困境。

社会治理陷入困境的最典型的特点就是基层社区治理创新花样不断，比如，南京市栖霞区的掌上云社区、苏州高新区狮山横塘街道的数字城市及智慧街区建设、南京翠竹园的自组织团队孵化与培育、江阴的集成改革等等。与基层治理创新方式呈多样化趋势不一致的是，省市级政府治理创新却更多地在"大数据"平台构建和"网格化"管理等技术创新方面发力。笔者以为基层社区治理方式创新和省市政府的治理技术创新虽然注意到了信息流这一重要的因变量，但是人流、资金流、货物流等其他因变量给社会治理创新带来的挑战依然未能得到充分关注，单向度视角下的逻辑解析显然不足以支撑专题的学理。

---

① 张康之:《论社会运行和社会变化加速化中的管理》，《理论探讨》2019年第5期。

（三）学理支撑的三个要点

纵观历届全国党校系统精品课的获奖专题，我们可以发现所有的精品专题尽管涵盖的领域很广、涉及的学科很多，但在学术框架搭建、学术逻辑梳理、学术道理讲授的谋阵布局上是有共性可循的。

1. 内容和方法的当代价值是专题的灵魂

党校教学专题基本都会以"是什么、为什么、怎么样"三个部分作为学术框架搭建的总体结构，因此，结构安排不再是拉开专题与专题之间差距的原因。比如，全国党校系统首届精品课排名第一的获奖专题《恩格斯〈费尔巴哈论〉解读》是既赢在内容的选择上，又赢在思维的呈现上，更赢在内容和方法的当代价值上。恩格斯的《费尔巴哈论》本身就是一部经典的方法论著作，是打开马克思主义哲学大门的钥匙。"逻辑就是研究正确思维的方法和规律的，是一种规范的科学。我们按照规范去逻辑，就能够达到正确的思维"。梁作民教授的精妙之处就在于选择解读《费尔巴哈论》，更为精妙之处是对"解"和"读"二字的精准理解。首先，他通过"解题"，开门见山地交代了专题的框架、内容和价值；然后循着原典的结构，抽丝剥茧地分析恩格斯是如何辩证地看待古典哲学的贡献与缺陷，并在此基础上进行马克思主义的哲学变革。梁作民教授在专题呈现的过程中采用设问、分析、比较和小结的方法，环环相扣地解读了这场方法论的变革、充分证明了"思维和逻辑的魅力"、引发了受众对马克思主义哲学当代价值的认同和思考。

2. 理论创新比理论阐述更应是专题的重点

许多教师会将加强教学专题学理支撑的重点放在对相关理论的系

统阐述上，但是理论只有在直面问题时方能彰显其价值，才能引发学员共鸣、消除学员的心理困惑。"所谓问题，就是预期与现实之间的反差以及由这个反差而引发的心理困惑"①。问题分为三类：理论与现实的差异、政策与实践的差异、同类事物比较的差异。比如，西方经济学理论根本没有预测到，更无法解释中国这一巨大经济体的运转规律，这就说明原有的理论出了问题，理论创新就需要说清楚这个问题。全国党校系统第二届精品课的获奖专题《中国共产党政党文化研究》就赢在重点突出、注重理论创新。该专题共设置三个部分，其中第三部分"中国共产党政党文化的创新与发展"占时一半。赵理富教授以两个国家课题、十几篇相关论文的科研作为支撑，不断将理论用于现状分析。例如，第一部分阐明政党文化的内涵，专题将中国国民党和中国共产党与文化内涵相关的几个要素进行对比，最后总结国民党失败的原因有三：一是没有"中心思想"、缺乏统一的信仰；二是没有国家思想；三是领袖的中心思想就是唯我的利益独尊。正因为赵理富教授运用了"立足理论—又跳出理论—再回到理论"的理论创新路径，才使得他的专题最终成为精品。

3. 层层递进的逻辑结构是专题的亮点

教学专题的学理框架就是学术分析的逻辑结构，该结构承载了学术分析所涉及的概念、原理、理论等诸要素，以及它们彼此之间的逻辑关系。学理分析就是依靠学理框架的导引和切换对问题进行分析的过程，上述过程可以通过理论演绎、历史推演、数据分析等不同形式展开，其最终目的都是为了验证和预测中国社会发展尤其是中国政治

---

① 曹锦清:《问题意识与调查研究》,《社会学评论》2017 年第 5 期。

发展的一般性规律。学理支撑强的教学专题一定有着环环相扣的逻辑主线,其框架结构的搭建也是经过非常仔细的研究和推敲,各个部分的安排和展开都经过精心设计,各个知识点在逻辑上都具备自洽性。例如,全国党校系统第三届精品课的获奖专题《深入推进法治中国建设》,开篇就从对良法善治的学理分析中引申出价值、体制、文化和制度的分析维度。该专题分四大部分,每个部分又细分成三个层次。专题的巧妙之处就在于每部分各层次、各小点之间的逻辑关系环环相扣,四大部分之间的逻辑关系非常严密。笔者注意到,专题四个部分的时间占比基本均衡,每个部分最后的小结都是对前面分析逻辑的阶段性概括,专题最后的总结又从价值、体制、文化和制度的层面再次点题。整个专题通过层层递进、环环相扣的历史推演,为受众呈现出一个全景式的、动态的、鲜活的、不断进步的法治中国的建设历程。

三、加强教学专题学理支撑的技巧

如果将教学专题学理支撑视作内容,教学专题学理支撑的课堂呈现则可称作技巧,技巧的使用往往对内容的呈现起到锦上添花的功效。

(一)围绕主旋律的价值引导

党校姓党,是党校工作的根本原则,也是做好党校工作的根本遵循,更是每一个党校教师为教学专题寻找学理支撑时必须坚持的准则。坚持党校姓党,才能凸显党校教学专题的价值和意义,才能"提高理论教育的精准度,才能帮助党员干部消除思想上的困惑、补齐理论上的短板、改进党性上的不足"①,才能彰显党校教师特殊的责任感和使命感。因此,党校所有的教学专题都属于宽泛意义上的思想政治理论课,都应该"坚持价值性和知识性相统一,寓价值观引导于知识传授之中"②。可见,党校教学专题的学理支撑具有工具属性,工具的意义就在于它承载价值、服务价值。所以党校教师在对教学专题进行学术解读时要始于学术、超于学术,最终通过学术框架的导引和学术逻辑的分析来启发学员正确的价值考量。

"客体的客观性和真实性并不是镜像式地呈现于人脑中的,而是需要经过主体内部结构的感知和理解过程"③,这就说明对于问题的感知和认识往往受人的理性和非理性的影响。理性是一种与价值取向有关的行动能力,不同的价值取向就会导致完全不同的行动,教育的意义在于赋予人理性。党校教学旨在通过教师对专题的驾驭,使得学员能够围绕党校姓党原则在课堂上与教师达成重叠共识。显然,只有那些"政治强、情怀深、思维新、视野广、自律严、人格正"的教师才能承担上述使命,才具备一个党校教师应该有的精神气质,才能将学员涵括进学术共同体进行学术对话并最终达成共识。

(二)跨学科的研究视角

党校教学专题虽然涉及经济、政治、社会、文化、生态等各个领

---

① 中共中央组织部干部教育局:《把我们党的独特政治优势保持好发挥好》,《求是》2016年第11期。
② 张烁、谢环驰:《用新时代中国特色社会主义思想铸魂育人 贯彻党的教育方针落实立德树人根本任务》,《人民日报》2019年3月19日。
③ 董雅华:《论思想政治教育中的知识性与价值性》,《贵州社会科学》2017年第2期。

域，不同的学科也有各自不同的观察和研究视角，但是后工业社会的流动性特质使得社会治理实践不断出现哲学、经济学、政治学、社会学、管理学、法学等诸学科共有的研究盲区。尽管一些传统学科不断分离出新的学科来填补上述研究盲区，譬如，从政治学中分离出来的公共行政学就是这样的新学科。但是，新学科的成长需要非常漫长的过程，社会治理的现状不可能有足够的时间来等待这些新学科的成长。需要强调的是，党校教学专题的学理支撑是服务于问题研究这一中心议题的，不同的议题会将不同的学科推到前沿。党校教师既要站在本学科的视角考察问题，同时又要尝试运用其他学科的分析工具，只有这样才能解决单学科工具面对复杂性问题的力所不逮现象。

例如，国家治理能力和治理体系现代化这一重要议题显然不是单一学科可以驾驭的。政治学、公共行政学和社会学的研究都有自己的学科视角和学术逻辑，但是，上述学科视角无法化解行政逻辑主导下的社会管理与基层社会治理创新之间的"结构性悖论"，因为社会治理中心下沉所需要的结构性转变是基层解决不了的。如何消弭上述悖论，"市域社会治理"[①]这一交叉研究可能会给我们一些启示。"市域社会治理"理论将城市这一社会学概念放到地缘政治学中考察，提出了"市域"这样一个公共行政学必须关注的新概念。"市域社会治理"理论有可能为我们研究国家治理能力和治理体系现代化打开一扇新的窗户。

（三）适合党校的课堂话语

任何教学系统都有自己独特的话语表达方式，准确的话语表达方

---

① 陈一新:《新时代市域社会治理理念体系能力现代化》，《社会治理》2018年第8期。

式除了讲究结构逻辑外,还讲究形式逻辑。党校教学话语属于党校课堂文化的范畴,党校的课堂文化从结构逻辑上从属于中国共产党的政党文化。政党文化是政党的灵魂,它是一套协调政党行动的价值、准则和信仰体系,政党文化能够模铸政党的价值观念,并通过政治社会化的过程来影响党员的行为。党校教师和党校教学专题承载着政治社会化的功能,其目的在于通过党校的课堂将中国共产党的政治信仰、政治理念、政治追求大众化,以获得来党校学习的所有学员,至少是绝大多数学员的认可、认同并最终内化于心灵、外化于行动。

  笔者发现优秀的党校教师一定善于用非常接地气的语言、面对大众的文风进行交流和表达。比如,全国党校系统第二届精品课排名第一的获奖专题《共产党宣言及其当代价值》中,王公龙教授在分析马克思的唯物史观和剩余价值学说时用了"望远镜"和"显微镜"这样精准和形象的比喻。王公龙教授将唯物史观比作"望远镜",作用在于对人类历史进行总结和概括;将剩余价值学说比作"显微镜",用以观察工人阶级革命为什么会埋葬资本主义私有制。每个教学专题的时间安排非常有限,如何运用技巧清晰而有效地表达观点,如何将貌似复杂的学理进行简单而到位的呈现是值得每一个党校教师修炼的技能。

课题负责人:华涛,中共江苏省委党校(江苏行政学院)公共管理教研部教授。

党校科研成果评价与激励机制创新研究

自中央党校（国家行政学院）要求把"用学术讲政治"作为推进教学改革的"一号工程"来部署，并提出把"教研咨一体化"作为全国党校系统贯彻落实"用学术讲政治"教学科研改革的重点任务以来，"用学术讲政治"已在全国各级党校范围内取得广泛共识，并成为新时代各级党校教学科研事业健康发展的首要标准。

然而，两年多来，各级党校"教研咨一体化"的增量尚未达到预期。这说明"用学术讲政治"的管理机制改革还未到位。要让"用学术讲政治"真正落地，关键在于建立一套行之有效的科研评价与激励机制。

一、以"用学术讲政治"为导向厘清党校教学和科研的关系

在"用学术讲政治"的视角下，教学是科研水平的体现，科研是教学水平的支撑，教学和科研一体两面、密不可分。作为党校教师，必须认清党校教学和科研之间这种相辅相成的关系。

（一）教学是科研水平的体现

作为干部教育培训机构，"讲政治"是党校主业主课的基本属性。"用学术讲政治"不仅指出了党校教学导向和任务，还指出了讲政治的方式是"用学术"。"用学术讲政治"和一般意义上"政治课"的最大区别在于：前者不仅要宣讲中央精神是什么，还要分析中央为什么形成这样的精神，以及这种精神背后的理论基础是什么，我们要怎么做等，而后者只需要把中央精神是什么讲清楚就行。也就是说，"用学术讲政治"是从问题视角对党的理论和中央重大决策部署进行理论阐述，从专家视角对重大理论和现实问题作理论分析，帮助学员从理论上弄清楚问题的本质，让学员学到理论分析的方法。如果讲课者缺乏相应的科研功底，就无法从学理上把上述要点讲明白，只能用文件解释文件、用事实解释事实，或者用经典著作的个别词句贴标签，也就难以获得学员的认可。

（二）科研是教学质量的支撑

2015年12月，习近平总书记在全国党校工作会议的讲话中明确要求党校要为建设具有中国特色、中国风格、中国气派的哲学社会科学体系作出贡献。他强调，党校开展哲学社会科学研究，不能坐而论道，而要有党校的特点。党校如果同一般的社会科学研究机构、大学研究机构一样，那就没有特点了，也没有自身优势了。要加强对国家中长期发展战略问题的前瞻性研究，加强对重大现实问题和突出矛盾的对策性研究，加强党情政情社情信息反映和研究，努力成为出思想、出成果、出人才的重要阵地。习近平总书记的要求指明了党校科研的方向，即党校科研必须杜绝从理论到理论、从学术概念到学术观点的空洞无物的研究，而必须以马克思主义为指导，以中国改革、开放、发展为中心，在对实际的考察中挖掘新材料、发现新问题，在理论与实际紧密结合中提出新观点，构建新理论，为推进理论和哲学社会科学繁荣发展，建构中国特色的哲学和社会科学作出努力，切实解决马克思主义在学科中"失语"、教材中"失踪"，课堂上"失声"问题，做实马克思主义和中国化马克思主义的话语权、主导权。只有不断夯实科研基础，构建起"讲政治"的理论框架，才能站稳党校讲台。

（三）教学科研一体两面、密不可分

党校教学与科研相互依存、相互渗透、相辅相成，是"一体两面"的关系。教学和科研的有机联系和辩证关系决定了党校教学科研工作要紧紧围绕党委、政府的中心工作，以教学为中心，科研为基础，用好"三支笔"，写好"三篇文章"，推动党校教学、科研和决策咨询协同发展、共上台阶，实现党校教学、科研和决策咨询服务的有机统一和良性互动。目前，为了强调和提高理论阐释在教学中的比重，各级党校的教务部门均大力对现行的教学评估体系进行了改革，提高"问题导向"与"学理支撑"在评课中的权重，引导教师聚焦问题，并善于用学术框架去分析阐释问题，用学术为"讲政治"服务。同时，各级党校的科研部门也不断修改科研量化和奖励规则，意在强化学校对教师科研成果的评价和激励，促使大家将"用学术讲政治"入脑入心。

二、科研成果评价与激励的难点

修改科研成果评价与激励标准的目的是激发教师热情，按照"教

研咨"一体化的发展方向自觉提升教学和科研能力。也就是说，科研成果评价与激励的本质是为"用学术讲政治"服务。目前，科研成果评价与激励的难点问题主要有以下几类。

（一）教师自身动力不足

以科研为标尺，可以把党校教师细分成四类：第一类缺乏研究功底，就文件讲文件、就精神讲精神，既没有学术，也没有政治，属于不会用学术讲政治；第二类理论充分，但远离政治、远离实践、远离中心工作，只有学术，没有政治，属于不愿用学术讲政治；第三类理论有余，但转化不够，不接地气，学科、问题、学员对象三者没有融合统一，虽有学术，但政治太少，属于不善用学术讲政治；第四类最理想，既有丰富的理论，又有充分的实践，可以游刃有余地"用学术讲政治"。这些教师是党校"用学术讲政治"的推动力量。但目前他们在党校教师中的占比有限，要形成"用学术讲政治"的潮流，这一推动力量需要加强。

从科研评价和激励的角度看，前两类教师人数较多且年龄偏大，科研动力不足，对他们进行评价和激励有一定难度。第三类教师主要是新进校的青年教师，他们均有博士学位，受过系统的学术训练，有良好的学术功底，且受激励的弹性较大，学校科研的增量将主要来自这个群体，但这类人在整个教师群体的占比还不是很大。

调研显示，大部分教师感到科研压力很大，一是因为党校教学任务的特殊性导致除了课堂上的"有限时长运作"，还需课前"无限时长备课"，以及与学员、督导专家、同行等的反馈交流；二是因为教学任务和职称晋升让多数教师感到压力不小，中青年教师除日常教学任务外，还需参加学校一些评比考核；三是为寻求更多的经济来源，部分教师承担的校外授课任务过多，牵扯了过多的时间和精力。在上述多重因素综合作用下，部分教师的科研动力不足，也缺乏"用学术讲政治"的能力和底气，对学校科研带来一定程度的负面影响。

（二）现有激励手段乏力

在科研方面的激励，目前主要有五种。一是通过核算课题、著作、文章等"工分"，年终发放绩效奖励；二是通过在学术、理论宣传和决策咨询三个方面评选科研一、二、三等奖，年终发放奖金奖励；三是以课题形式发放奖励；四是让教师到年限就可以参加评职称和岗位聘任；五是学校推荐科研较为突出的教师申报各类型人才奖励计划以及让其担任学科带头人等。前三种激励，目前已经有了实施细则，科研管理部门正在逐一兑现。而后两种激励，也已经有了一些规定，但刚性不够。这导致不同年龄、不同资历的教师对待学校科研考核的态度有所不同。总体而言，年轻教师比老教师更重视考核，职称低的比职称高的更重视考核。而一旦进校十年以上，或是职称达到正高，或是感觉自己很难再做出更进一步的成绩的教师，很容易进入科研倦怠期，此时激励很难起到明显的作用。

（三）部门协同创新机制不完善

虽然一直在强调"用学术讲政治"和"教研咨一体化"，但教学科研咨询"三位一体"协同创新机制还不健全，表现为：部门间的行政关系和职能定位没有完全理顺。比如"用学术讲政治"，在校级层面到底由哪个部门来牵头？其他部门如果响应该部门的牵头，在实施过程中几个部门之间到底是什么关系？可以说，机构关系一天不能完全理顺，职能定位一天不能明确厘清，协同创新就一天不能顺利推进。同时，机构关系和职能定位的冲突也给现行的科研成果评价与激励拖了后腿，导致无论现有的科研成果评价与激励形式如何创新，也容易停留在单纯的科研激励层面，对落实"用学术讲政治"和"教研咨一体化"助益有限。

三、兄弟党校科研成果评价与激励创新的实践

实践表明，纯粹的科研成果评价与激励举措只能看到短期效益，只有紧扣"教研咨一体化"的目标展开的科研成果评价与激励创新才能发挥长效作用。在这方面，兄弟党校的做法与经验给了我们启示。

（一）围绕学科建设开展科研评价与激励创新

中共湖北省委党校（湖北省行政学院）坚持以学科建设为引领推进"教研咨一体化"。该校对原有的马克思主义理论、政治学、理论经济学、公共管理、法学等5个一级学科以及所属的二级学科进行科学设计，将马克思主义理论、政治学作为骨干学科打造，将理论经济学、公共管理、法学作为重点学科打造，着力加强马克思主义基本原理、中共党史、政治经济学、行政管理、宪法与行政法学、思想文化史等6个重点二级学科建设，加快发展具有重要现实意义的新兴学科和交叉学科，逐步形成了"2+3+6+N"的学科体系（2个骨干学科、3个重点一级学科、6个重点二级学科、N个新兴学科和交叉学科）。

该校还以学科为基础，突出问题导向，根据各个班次的教学定位，将学科建设成果及时转化为教学成果，建设有学理基础的课程体系。主要以学科为牵引，加强对马克思主义基本理论、中国特色社会主义理论体系、习近平总书记系列重要讲话精神和治国理政新理念新思想新战略的研究，加强对新时期党的建设重大问题、中国特色社会主义政治经济学、社会主义市场经济理论等方面问题的研究，从理论与实践相结合的角度，深入研究习近平总书记提出的"十三个如何"的问题，推动研究成果转化为学科研究成果、教学成果、决策咨询成果。以学科为龙头，引导教研人员找准自己在学科体系中的定位，在一个学科领域确定一到两个研究方向，长期专注、钻深钻透，实现开设教学专题和申报科研课题的一致性，避免教学、科研"两张皮"现象。与学科发展不符合的研究方向、研究成果和研究者需根据学校的学科发展主动调整。

（二）围绕载体建设推动科研评价与激励创新

1.抓好项目载体

中共陕西省委党校（陕西行政学院）按照"教学科研联袂出题目，协同做文章，共同推进成果进课堂、进决策"的工作思路，坚持"统筹谋划、规范推进、专项资助"的原则，把"主业主课"分为基础理论、党性教育、能力素质提升三个板块，以课题立项的方式有重点地进行系统资助，大力推进"教研咨一体化"。以项目研究为抓手，一方面构建教学科研良性互助的机制，推进科研成果向教学转化，形成教学专题纳入党校主体班的教学布局之中，提高了教学的时效性和针对性，在解决教学、科研"两张皮"问题上取得一定的突破；另一方面也取得了一批研究成果，其中部分研究成果得到省领导批示，被省级有关部门采纳，部分研究成果公开出版，并作为教材使用，推进了科研成果的转化运用。

2. 用好论坛载体

中共云南省委党校（云南行政学院）以"龙门论坛"为载体，精心设计主题，为党校教研人员特别是青年教师提供学术交流平台。该校加强与中央党校（国家行政学院）以及云南省委宣传部、省社科联、州（市）党校和各新闻媒体的合作交流，不断改进论坛活动方式方法，推动论坛向高端发展，努力把"龙门论坛"打造成为培养学术新人的重要平台和学术交流的前沿阵地，做到重大时间节点、重大时段发声音、亮观点，不断提高"龙门论坛"的品牌价值和社会影响力，充分发挥了学术活动的辐射功能，使党校的影响力得到稳步提升。

3. 搭建平台载体

中共湖北省委党校（湖北省行政学院）立足于跨学科、跨领域、跨部门的理念，充分整合校内各教研部、党校系统、高校和科研院所力量，大力推进平台载体建设，一方面着力建强教研部这个最基础、最重要的平台，另一方面大力用好智库平台。教研部是按学科方向、专业类别组建的教学科研单位，是教学、科研、咨询工作的直接组织者、承担者。一方面引导教研部深入研究理论和现实热点难点问题，打牢专业基础、团队基础、人才培养基础，将研究成果最大限度地转化为教学专题，提升教研部整体实力。另一方面，以智库为依托，按照"教学出题目、科研做文章、成果进课堂进决策"的思路，把不同学科、专长各异的专家学者整合在一起，取长补短，推出精品力作，让成果进入课堂更有说服力。

（三）围绕制度建设推动科研评价与激励创新

1. 完善对接机制

中共陕西省委党校（陕西行政学院）规定科研部门应加强与干部教育培训主管部门的对接，了解组织需求和岗位需求；加强与政策研究部门的对接，完善教学、科研计划。科研处根据教学布局要求，紧扣学科建设、课程设置、教学内容、学员需求、教学管理等，有选择地提出需要重点研究的选题，包括教学新专题和教学管理研究两类选题；组织教学科研工作联席会议，审定选题，并将确定的选题列入年度系统课题和专项课题指南，并组织课题申报；紧紧围绕党委、政府中心工作和各地经济社会发展大局，紧密联系各地干部群众思想工作实际，鼓励和支持教研人员把教学中遇到的难点、热点问题，把学员在实践中面临的现实问题作为科研选题的重要方向，联合政策研究部门力量开展合作调查研究，积极推进科研成果向教学专题转化。

2. 完善协作机制

中共云南省委党校（云南行政学院）在校级层面建立教学、科研、学员管理部门和教研部的协作机制。科研处积极主动加强与教务处和教研部门的沟通协调，推动信息资源共享，构建教学科研良性互动的机制和格局。一是通过定期协商和沟通，实现教学专题、科研课题和学员研讨题目"三题合一"，调动教员、组织员（班主任）、学员三个方面的积极性。坚持讲授专题从科研成果转化、讲授专题对实践具有现实指导意义的目标要求，加大对科研成果的跟踪管理，不断完善教学体系，使教学内容紧跟时代步伐，不断创新，提高教学内容的时效性和针对性，加大讲授专题和课题研究的关联程度，引导教研人员进一步将科研成果转化深化，促进科研成果进教材、进课堂、进头脑。二是加强与校外高端智库、知名专家的联系，开展课题合作、学术交流等，开阔视野，提升党校科研能力。加强与基层党校的科研协作，形成一批省市县党校课堂都能用的成果。

3. 完善转化机制

中共湖北省委党校（湖北省行政学院）探索建立教、研、咨三者之间融会贯通、相互转化的工作机制，实现研究成果向教学转化、向党和政府决策转化、向经济社会发展转化、向舆论宣传转化、向干部能力提升转化。一是推动教学专题转化为资政成果。充分利用学员资源，开展课题研究，鼓励教研人员对主体班的教学专题进行再提炼、再加工，将其中的精华部分直接转化为省委、省政府决策的重要参考、重要会议文件的材料来源。二是开辟转化渠道。省委党校设立专报平台，鼓励广大教研人员在专报平台上发文章、亮观点，展示研究成果，推动研究成果进决策。

四、江苏省委党校创新科研成果评价与激励的对策与建议

当前，要让"用学术讲政治"的理念落地生根，并深入落实到教学改革的每一个环节，需要建立一套行之有效的动力机制。以引导和促进广大教师充分发挥主观能动性，自觉做到用学术讲政治，实现长效和可持续。当前，校（院）科研评价与激励创新应当在借鉴兄弟党校成熟经验的基础上，主要从以下六个方面做探索性工作。

（一）确立科研评价与激励原则

1. 科学权威、公开透明

习近平总书记2016年5月17日在哲学社会科学工作座谈会上强调："要建立科学权威、公开透明的哲学社会科学成果评价体系"。这是学术成果评价体系建设的总体原则和基本要求，也是党校修改、完善科研成果评价和激励制度必须坚持的基本遵循。

2. 质量优先与数量兼顾

要扭转过去重数量轻质量的科研评价倾向，必须鼓励教师潜心研究、长期积累，遏制急功近利的短期行为，必须完善同行专家评价机制，积极探索建立以代表性成果和实际贡献为主要内容的评价方式，将具有创新性和显示度的学术成果作为评价教师科研工作的重要依据。2018年7月18日，国务院发布的《关于优化科技管理提升科研绩效若干措施的通知》也强调，要创新质量与贡献为导向的绩效评价体系，准确评价科研成果的科学价值、技术价值、经济价值、社会价值、文化价值。在设定新的科研成果评价机制时，需要尽力体现上述有关规定。

（二）评价主体与评价客体

1. 评价主体

在传统的"同行评议"基础上，将知识产品的使用对象引入评价主体中来，在"求真"的基础上努力求用，在评价主体上实现同行与外行、学术与政府、社会的兼容。

2. 评价客体

在设定分类评价标准时，应尽可能地从教师的实际情况出发。如可以将教师分为专职教学型、专职科研型、行政科研型和双肩挑型。专职教学型是指在教研部专门从事教学任务的教师，这部分人员，由于历史原因及年龄、学历等因素，其在学校承担的主要职责就是教学任务，基本不从事科研工作；专职科研型，是指由于教研部门的特殊性，专职从事科研工作的教师，由于他们不承担教学任务。因此，对这部分教师的量化标准，可以根据实际情况适当高一些；行政科研型是指目前在行政、后勤、教辅部门工作的，曾担任过教师的行政人员，由于其主要工作职责是行政工作，从事科研工作相对次要，在设定科研量化标准时，就不能等同于专职教师，要根据实际情况适当低一些；双肩挑型的是指大部分教师，特别是青年教师是学校"用学术讲政治"的主力，但可以根据各人的能力和兴趣，让其自主选择是倾向于用专职科研标准进行评价还是用双肩挑的科研标准进行评价。

（三）成果形式及评价标准

1. 成果形式

在科研成果的形式上，要顺应知识转型和服务社会方向，重视学术论文之外的非传统形式的科研成果。在传统的学术论文之外，产生良好社会影响的智力产品均要纳入科研成果认定的范围之内，重点要将影响政府政策（如咨询报告、政策建议、参与政策制定等）和引导社会文化舆论（如演讲报告、网络文章等）等方面的工作予以科研认可，重视学术工作所产生的社会影响和经济效益。在设定成果形式时，要纳入一些被广泛认同的新的成果形式。2015年9月，教育部发布《关于加强和改进高校宣传思想工作队伍建设的意见》提出：要积极探索建立优秀网络文章在科研成果统计、职务职称评聘方面的认定机制。2017年

2月14日，教育部在《教育部2017年工作要点》中，再次明确"推动将优秀网络文化成果纳入科研成果统计、职务（职称）评审、评奖评优条件"。浙江大学是第一家落实上述规定的高校。2017年9月，浙江大学制定的《浙江大学优秀网络文化成果认定实施办法》规定，凡为原创，在报刊、电视、互联网上发表，字数超过1000字，并被广为传播（作品被不少于10家主流媒体及其网站、"两微一端"和重要商业网站及其"两微一端"刊发、转载；微信公众号刊发的作品，阅读量不少于10万；头条号刊发的作品，阅读量不少于40万）的文章、影音、动漫作品，均可认定为优秀网络文化成果，根据优秀网络文化成果发表载体的级别情况以及网络传播情况，经专家委员会评审认定，分别等同于在国内权威学术期刊刊发、在国内一级期刊刊发、在国内核心期刊刊发的科研成果，纳入学校科研成果统计、各类晋升评聘和评奖评优范围。从充分发挥网络文化育人功能，使之成为弘扬主旋律、传播正能量和提升学院声誉的重要载体而言，浙江大学的做法值得学习和借鉴。在设定量化标准时，要突出优秀成果的重要地位，加大精品成果和一般成果之间、高层次项目和一般项目之间的度量差异，取消、弱化那些学术质量不高、争论较大的报刊或发表载体，如论文集、增刊、内刊等。

2. 评价标准

在评价标准上，要坚持提倡多元化的影响力标准。党校知识生产的目的不仅仅是促进认识发展，更重要的是要促进经济社会的发展，科研成果服务的对象是各级政府工作人员。在这种情况下，评价一项成果好不好，不光是看其新不新，更要看其是否有用，是否满足了需要，是否产生了影响。党校科研成果的评价要坚持多元的影响力标准，既不能纯粹只看成果的学术价值、片面追求成果的学术创新,而忽略其应用价值,也不能完全以成果的应用性标准取代其本应有的学术标准,既要坚持学术标准,还要满足政治标准,构建一套有弹性的科研评价标准体系,对不同类型的科研成果采取合适的标准尺度,将学术标准和社会影响力、效用化标准进行综合权衡、统筹考虑,并根据不同的学科性质、研究性质进行分类评价。

(四)环境营造

1.打造支持性环境

支持性环境首先要给科研创新以时间。在约束型科研评价的压力面前,所有教师不得不更加注重短期目标——完成学校的考核任务,拿到每年的绩效奖励。因此,对于需要花费较长时间的、耗费较多精力的长期目标则会望而却步。党校科研是落实"用学术讲政治"和"教研咨一体化"的重点,教师是科研创新的主力军,党校必须着眼长远目标,打造出支持创新、包容创新的环境,给教师以自由和时间,长期投入科学研究中去,才能有出成果、出大量成果的可能。由于党校性质的特殊性,不可能让所有教师遵循个人的科研兴趣做科研,可以采取折中的做法,选取部分有科研实力、科研方向和科研热情的教师,在一个较长的时间段内让他们安心做科研。在设定评价周期时,要尊重科研成果产出规律。2013年教育部制定的《关于深化高等学校科技评价改革的意见》指出:"根据科技活动类型、学科特征,结合人事聘用合同、项目过程的要求,适当延长评价周期,注重评价实效。科技活动人员的评价周期原则上不少于3年,对青年科技人员实施聘期评价,创新团队和平台基地的评价周期原则上不少于5年。"根据江苏省党校实际情况,可以结合个人申报，将评价周期规定在3年左右。对一些特殊情况，还可延期或实行专人专门办法进行考核。

2. 建立专业的评价队伍

建立一支专业性科研服务队伍是整个党校科研高质量发展的重要保障，也是制度建设和机制创新的题中应有之义。一方面要保证约束型科研评价的有序和公平，要制定符合科学发展规律的政策，深入推进精细化评审、阳光评审、良心评审；另一方面，专业的科研评价队伍不是传声筒，而是尊重学术的服务者。专业的科研评价队伍，不是和教师站在对立面，而应该以服务的理念，分析教师的科研轨迹，关心他们的科研发展。专业科研评价队伍，不应该仅仅局限于关注本校教师的科研，应该在党校间搭起桥梁，让学术在党校系统内实现共享，让教师在交流中激发科研活力。

（五）创新激励形式

在用好已有的激励形式的基础上，应创造出新的激励形式——人文激励。对待教师的科研评价，并不是以发表文章、拿到项目、获得奖项后给个好评或奖励就结束了，而是应该去分析这些结果背后的深层次的东西。将人文激励注入党校科研评价与激励中，首先要做的就是以教师为本，给教师以尊重，体现在具体工作中就是掌握教师的科研动态，尊重教师的科研意愿。要根据现行成果评价的结果，建立对话机制，以此了解教师的科研优势、科研劣势、科研兴趣点、科研盲点等信息。只有通过对话才能真正了解教师的科研意愿、科研方向，对他们的学术需求、培训需求等做出反馈。也只有真正将对话机制作为一种长效工作机制，了解教师的想法，尊重教师的想法，以教师为本，才能有效开展人文激励。

（六）加强部门协同

对于协同创新，尤其是部门间的协同创新而言，校级层面的引导作用极其重要。在这方面，学校需要做好三件事：一是制定好的政策，对"教研咨一体化"协同创新过程中各部门的职能定位等提供政策指导；二是为部门间合作开展"教研咨一体化"协同创新提供优质平台；三是为科研人才培养提供外围服务。学校只有成功扮演好"搭台者"的角色，职能部门才能唱好这出创新戏。

协同创新是一条新路子，在大的方向上需要学校"把脉"。学校可以协同设立创新中心，并推动其正常运作。政策问题是重中之重，政策有效性的关键在于落实。落实包括两个方面，即协同创新中心的宗旨和核心任务，协同创新中心运行的相关政策。从某种意义上说，这项工作其实也是一种"协同"。要给予各部门在政策制定上的自主权，允许在组建协同创新中心时，根据自身特点设置符合自身发展需要的制度规则。

课题负责人：吴青熹，中共江苏省委党校（江苏行政学院）社会和文化教研部副教授。

党校学科建设
更好服务主业主课研究

党的理论教育和党性教育是党校的主业主课，它在党校工作体系中具有主导地位，决定了党校的存在价值、办学方向以及办学规律。党校一切工作要坚持以主业主课为引领，学科建设也不例外。近年来，校（院）学科建设取得了明显的成绩，但与新时代党校高质量办学特别是在服务主业主课的要求上还存在一定差距。课题组通过调研认为：要贯彻好用"学术讲政治"教学改革一号工程的要求，党校学科建设应该更加聚焦主业主课，为主业主课提供坚实的学理支撑，为高质量办学奠定坚实的基础。

一、服务主业主课是党校学科建设的首要任务

学科建设是集学科方向、学术队伍、科学研究、人才培养、学术交流于一体的综合性建设，是党校建设的基础工程，也是党校核心竞争力之所在。

（一）党校的职责定位决定了学科建设必须服务好主业主课

在全国党校工作会议上，习近平总书记强调，党校姓党，决定了

党校工作的重心必须是抓党的理论教育和党性教育。党校是进行马克思主义理论教育的主阵地，领导干部到党校学习，主要任务是学习党的理论、接受党性教育。必须引导和促使学员努力学习和掌握辩证唯物主义和历史唯物主义基本原理和方法论，特别是要把马克思主义中国化最新成果作为理论教育中心内容，提高战略思维能力、辩证思维能力、综合决策能力、驾驭全局能力。

中共中央《关于加强和改进新形势下党校工作的意见》（以下简称《意见》）明确要求，把党的理论教育和党性教育作为党校教学首要任务。《意见》提出要突出党的理论教育和党性教育的主课地位。马克思主义理论教育和党性教育是党校的主课，是党校教学最重要的任务，是必须重点抓好的教学内容。这两类课，在中央党校、省（自治区、直辖市）委党校、市（地）委党校教学安排中不低于总课时的70%。突出主课安排，完善教学布局，所有主体班次都应当在教学安排中充分体现党的理论教育和党性教育的主课地位。《意见》同时要求要根据党校定位确定重点学科，加强以中国特色社会主义理论体系为主的马克思主义理论学科建设，加强党性教育学科建设，积极扶持教学急需且相对薄弱学科，逐步形成突出党校特色、满足干部培训需要的学科体系。习近平总书记的重要讲话和《意见》要求，不仅明确了党校的定位，更是对党校学科建设的要求，党校学科建设服务好主业主课，是新时期党校学科建设的职责所在。

（二）围绕主业主课加强学科建设是贯彻"用学术讲政治"的必然要求

《2018—2022年全国干部教育培训规划》（以下简称《规划》）

强调"着力提高教师用学术讲政治的水平",明确了新时代干部教育培训的新理念新要求。党校应该按照《规划》提出的"提高教师用学术讲政治的水平"的要求,做好深入细致的贯彻落实工作。

"用学术讲政治",是"党校姓党"在教学科研领域的具体化。讲政治,就是要讲政治立场、政治观点、政治方法和政治方向。对于党校教师而言,讲政治是坚持"党校姓党"的一个根本性的问题。要使讲政治入脑入心、落地生根,必须运用学术的力量。"讲政治"要有严密的逻辑框架,既要论点鲜明,又要论据充分;既要讲清楚是什么、为什么,又要讲清楚怎么做;既要有前因,也要有后果,并且能够通过前因推导出后果。自2017年初何毅亭同志提出用"学术讲政治"的教学要求以来,中央党校开展了"用学术讲政治"的讨论,全国党校系统第八次教务工作恳谈会还专题研究用"学术讲政治"推进措施。当前,"用学术讲政治"已成为新时代党校教学改革的"一号工程"。

"用学术讲政治",在现阶段,就是要把学习贯彻习近平新时代中国特色社会主义思想作为党校教学培训的中心内容,运用学术方法推动这一思想深入人心、落地生根,引导党员干部增强政治自觉、思想自觉和行动自觉,坚决维护习近平总书记党中央的核心、全党的核心地位,坚决维护党中央权威和集中统一领导,做习近平新时代中国特色社会主义思想的忠诚信奉者和坚定实践者。这就要求我们在党校学科建设中,围绕马克思主义理论教育和党性教育这一党校主业主课,加强学科建设,不断夯实"用学术讲政治"的基础。

（三）学科建设更好服务主业主课是推动高质量办学的题中应有之义

江苏省委十三届三次全会提出，要以高度的责任自觉和使命担当，努力在高质量发展上走在全国前列。江苏省委党校（江苏行政学院）校（院）委认真贯彻省委部署，结合校院实际，确立了"聚焦主业主课，聚力改革创新，江苏省委党校推动高质量办学走在全国前列"的工作目标。

推动党校高质量办学走在全国前列，其内涵十分丰富。高质量办学走在全国前列，意味着党校教学科研在全国党校和省内外有重要影响，形成党校办学的显著竞争优势，这是高质量办学的核心要求。现在全国党校系统争创一流的态势基本形成，要想在激烈的竞争中取得竞争优势，就必须在高端与精品上下功夫。为此，要大力推进办学供给侧结构性改革，着力推动教学、科研、管理向更高层次迈进，努力推出一批高层次的精品课程、学术著作、咨政成果、理论文章和发展平台，以更多的高端成果和精品力作，带动和引领办学质量整体提升。要大力推动党校创新发展、特色发展。同时要深入研究把握党校办学规律、办学遵循，以改革创新精神做好新时代党校工作，构建创新型的教学培训机制、科研管理机制、人才引进培养机制、考核激励机制，激发和调动教职工的积极性主动性创造性，不断增强高质量发展的内生动力。

党校不仅是培训轮训党员干部的主渠道，也是党的哲学社会科学研究机构。推动党校办学高质量发展，党校学科建设要牢牢把握党校姓党根本原则，聚焦主业主课，发挥优势，彰显特色，扬长避短，提升水平，着力建设具有竞争力的学科体系、课程体系、科研体系、人才体系，不断培育和增强核心竞争力。

二、中共江苏省委党校（江苏行政学院）学科建设服务主业主课现状分析

（一）适应主业主课的学科建设布局初步形成

中共江苏省委党校（江苏行政学院）校（院）委一向重视加强学科建设，先后制订了学科建设的"九五"、"十五"、"十一五"、"十二五"、"十三五"规划。在规划引领下，学校大力加强硕士学位授权点建设。1998年，国务院学位办批准江苏省委党校为硕士学位授予单位，设立政治经济学、科学社会主义与国际共产主义两个硕士学位授权学科。从1999年开始，江苏省委党校面向全国招生。经过20年学科建设，已形成5个一级学科、19个二级学科硕士学位授权点的学科格局。在学科建设方面能突出党校特色，根据干部教育培训需求和学科建设的实际，把学科建设与课程建设结合起来，不断充实完善教学布局和课程体系，引导教研人员根据学科研究方向开展教学，促进了主业主课与学科建设有机融合，通过加强学科梯队建设力度，培育重点优势学科，已初步形成了与党校主业主课相适应的学科建设布局。

（二）学科建设服务主业主课尚存在差距

校（院）虽然在学科建设方面力度较大，但是，根据高质量办学走在前列和"用学术讲政治"的要求相比，还存在一些不足和短板，

特别是在服务主业主课上还存在差距。

1. 学科建设与主业主课有机融合不够

党校与普通高校不同，理论教育和党性教育是党校的主业主课，也是党校的特色和优势。因此，必须以主业主课引领重点学科建设，重点学科建设也必须围绕主业主课进行。目前，学科建设与主业主课相互促进、有机融合还不够。这主要体现在主体班次的教学上。从2019年第一期主体班教学计划来看，主要由经典著作导读、习近平新时代中国特色社会主义思想、党史党建、省情等教学单元构成，应用经济学、社会学、世界经济、宪法学与行政法学、企业管理等学科在主体班教学中发挥作用不足，有的学科在主体班教学时间仅为半天或一天，学科研究最新成果和骨干教师作用发挥不够。

2. 学科建设与"教研咨一体化"统筹乏力

中共江苏省委党校（江苏行政学院）已把"用学术讲政治"作为一号工程，并出台实施办法，突出"教研咨一体化"导向，"教研咨一体化"理念已在学科团队中逐步形成。但如何实现学科建设与"教研咨一体化"建设双向互动，目前仍存在统筹推进不够、一体化运行机制尚未完善等问题。在实际工作中，课堂教学、理论研究、决策咨询、学科建设的关联度不高，缺乏教学专题、科研项目、实践需求之间的转化意识和融合方法，学员在"教研咨一体化"中的特色资源优势还未充分体现；教、研、咨之间仍存在脱节现象，教学、科研、咨政之间的贯通脉络还未完全打通，三者之间的有效闭环没有完全形成，联席工作机制还没发挥出充分功能，教学专题、科研成果、决策咨询成果共享力度还不够。毫无疑问，没有完善的良性循环的运行机制，学科建设就会缺乏充足的动力供给。

3. 学科建设成果的学理支撑不足

学科建设质量不高的一个重要方面就是基础理论方面的科研成果较少。学科建设中的基本理论研究，具有原创性、前沿性、完整性、科学性和规范性等特征。基础理论研究也是培养学科带头人、磨合锻炼学术团队、厚积薄发成果的基本所在，而且基础理论研究又是应用研究、教学授课、决策咨询的原动力所在。

目前一些学科在基础理论研究方面的课题和高质量学术成果有所下滑，一些学术成果与学科方向匹配度也不高。另外，在支撑方面，一些学科建设对关注学术本身能否为教学形成支撑做得不够，有的专题还有标签式学术现象，有的专题把归纳整理构成教学的逻辑支撑，在强化问题导向、实践导向、需求导向，注重回答学员关心的热点难点问题方面力度还不够。在学理方面，以学科建设带动科研能力提升的外在形式和内生机制尚待完善，依托优势学科建设助推高质量精品成果的科研思维需要强化。校（院）出台了"用学术讲政治"的实施办法，强调要把学理支撑作为讲授式教学的60%权重，并作为重要指标单独排序，但如何把学理支撑体现在学科建设中，还需进一步明确要求。

4. 学科导师梯队建设存在青黄不接现象

近年来，校（院）采取较大力度引进人才，每年引进博士近10名，但中青年教师的成长需要一个过程，再加上近几年到龄退休的学科专家教授数量较多，如何适应学科建设向一级学科发展面临一定的压力和挑战（中共江苏省委党校（江苏行政学院）主要学科骨干教师情况见表1）。

表1 中共江苏省委党校（江苏行政学院）主要学科骨干教师情况统计表

学科名称	学科级别	导师数量	教授人数	副教授人数	讲师人数
理论经济学	一级	9	5	4	
政治学	一级	11	7	4	
社会学	一级	13	10	3	
应用经济学	一级	12	7	5	
马克思主义理论	一级	16	11	4	1
马克思主义哲学	二级	4	2	2	
宪法与行政法学	二级	5	1	4	
企业管理	二级	4	3	1	
行政管理	二级	6	5	1	
总计	一级5 二级4	80	51	28	1
备注	根据2017年报江苏省教育厅表格数据整理统计。				

根据2017年3月国家颁布的《学位授权审核申请基本条件（试行）》，以法学为例，如果现有二级学科宪法学与行政法学要向一级学科硕士学位授权点发展，在申报条件关于学科队伍方面，要求至少具有4个稳定的主干学科方向，且所设学科方向能够面向国家经济建设和法治建设、社会发展和科学技术进步的需要；专任教师不少于20人，每个学科方向不少于3人；专任教师的年龄结构和专业结构合理。其中，正高级职称人员不少于4人，具有博士学位的比例不低于1/3，45岁及以下的比例不低于1/2。未来申报一级学科的时候，现有各学科导

师不能再交叉和重复使用。

从表 1 来看，现有导师人数远远满足不了二级学科向一级学科发展的需要，而且 45 岁以下年轻骨干教师占比不高。

另外，在教师培养锻炼方面的工作力度很大，也建立起了学科带头人和学术带头人的遴选、考核、评价、检查、验收等系列配套机制，但是目前在全国党校系统、在省内外思想界能够发出专业声音的名师大家不多；绩效考核导向一定程度偏重量的标准，忽视质的要求，导致低端文章数量较多，高质量研究成果增量不快；一些教师课题申报积极性主动性不够，重立项轻结项的问题突出；还有一些教师争先创优的意识不强，环境气氛不浓，课题完成质量下滑。

三、部分省（市）党校的做法与启示

（一）部分省（市）党校的做法

1. 中共上海市委党校（上海行政学院）

注重"用好用足"政策，发挥学位点布局和调整对党校学科建设和发展的促进作用。一是调整学位点布局使之与党校学科建设和发展的目标相契合。根据学科发展目标、经济社会发展需求和已有的学科实力，合理调整和优化现有学位点，做好拟新增学位点的培育工作。及时了解和扶持新学科的发展。同时凝练研究方向，把确立有特色的研究方向作为学科和学位点建设的首要任务。二是建立科学有效的学位点建设评估机制，提高学科建设的效益。把学位点建设的重心落实到教研部，使学位点建设工作能在教研部层面得到落实。同时建立学位点建设与质量评估的激励与约束机制。通过合理有效的质量考核评估，及时发现问题和不足，推动"以评促建、以评促改、评建结合"，并以此为基础建立学位点导师、研究生等学科要素的淘汰或转化制度；同时逐步将学位点建设经费投入的扶持机制转变为竞争机制，对学位点建设有突出贡献的集体和个人给予奖励，强化学位点的自律和自为，保证学位点建设的可持续发展。

2. 中共福建省委党校（福建行政学院）

推动学科建设与主业主课相互促进。福建省委党校（福建行政学院）把学科建设和课程建设作为教学工作的一体两面。学科建设是基础，课程建设是支撑。提出了形成马克思主义理论学科专业群的建设目标，突出党校在马克思主义理论、党史党建等方面的特色和优势，为课程建设提供学理支撑。课程建设的目标就是围绕理论教育和党性教育来设计和安排，突出马克思主义基本原则、基本立场和基本方法，形成一个以马克思主义、中国特色社会主义为核心的课程体系，按照"一个中心、五个方面"的教学布局，以中国特色社会主义理论体系为主要内容，以习近平总书记系列重要讲话精神为重中之重，以理论教育和党性教育为主业主课，做好教学设计和课程安排。在课程建设和学科建设过程中，福建省委党校大力推进教学科研一体化，针对重大理论和现实问题，设立教学专题立项，做到教学出题目、科研出成果、成果进课堂。

3. 中共湖南省委党校（湖南行政学院）

强化学科建设和考核管理，着力提高课程建设水平。湖南省委党校（湖南行政学院）注重强化学科建设考核，把干部教育培训课程建设作为学科建设的首要目标。一是全面"接轨"，强化特色。严格按照国家规定的学科分类和基本要求规范学科建设，同时根据"一个中心、四个方面"的教学布局和服务湖南经济社会发展的需要，调整了学科布局，完善了评估标准，做到既与国家标准"接轨"，又突出自身特色。二是把课程建设与学科建设相结合。该校从干部教育培训课程建设、科研与决策咨询、学位点建设、省级重点学科建设等四个方面明确了学科建设的目标。把讲授中国特色社会主义理论体系相关的学科建设作为重点，加强马克思主义理论、哲学、科社、经济学、党史党建、公共管理等优势学科，扶持文化与社会学等新兴学科。三是规范管理，注重激励。建立了重点学科建设的经费保障机制，规定每年预算要有足够的重点学科建设专项经费，并保持每年增加幅度不低于同期学校经费总预算的增长幅度。通过加大激励力度，引导教师潜心工作，不断提高教学科研水平。

（二）部分省（市）党校（行政学院）的启示

上海、福建、湖南省委党校（行政学院）加强学科建设的经验在全国党校系统具有一定的代表性，对于推动学科建设更好服务主业主课以重要的启示。

1. 把服务主业主课作为党校学科建设的重要目标

党校与高校学科建设的重点有很大的不同。党校作为干部教育培训的主渠道，对学科建设服务主业主课有更高的要求。主业主课是学科建设的重要方向。要聚焦党的理论创新、习近平新时代中国特色社会主义思想、党性教育，以及党委政府中心工作，中国特色社会主义重大理论与现实问题开展深入研究，多出一流的学科建设成果，彰显党校特色优势学科的影响力，从而为主业主课提供强大的学理支撑。

2. 学科建设，人才是关键

人才的水平代表学科水平。没有一流的人才，就没有一流的学科。要大力加强人才队伍建设，为学科人才成长创造更好的环境和条件。

3. 必须加强激励约束机制建设

党校学科建设关键在人，没有人的积极性、主动性和创造性的激发，就没有学科创新成果的涌现。必须建立一整套系统完善的学科建设的激励机制，才能为学科建设服务主业主课提供源源不断的动力。

四、聚焦主业主课完善学科建设的建议

加强学科建设是高质量办学的基础性工程。推动学科建设更好服务主业主课是时代提出的新要求。要结合中共江苏省委党校（江苏行政学院）学科建设的现状，进一步聚焦主业主课，在人才队伍、科研成果、学术交流、保障措施等方面加大优势特色学科的建设力度，提高党校教师用学术讲政治的水平，为高质量办学走在前列奠定坚实的基础。

（一）以高水平学科带头人的培养和引进为抓手，推动主业主课团队建设

教师兴则党校兴，教师强则党校强，强校必先强教，强教必先强师。2015年，习近平总书记在全国党校工作会议上的讲话强调指出："要实施党校系统'名师工程'，以学科带头人为主体，着力培养政治强、业务精、作风好的知名教师，培养造就一批马克思主义理论大家，一

批忠诚于马克思主义、在学科领域有影响的知名专家。"针对目前我校（院）人才队伍建设现状，应着力从以下方面加强各学科师资队伍建设。

1. 发挥教研部门基础作用

教研部门负责人履行学科建设主体责任，制订年度学科建设计划，组织学科教师的业务学习、集体备课、聚力攻关、推荐进修培训，在教、研、咨工作中全程贯彻学科建设。

2. 立足现状加强学科带头人队伍建设

各个学科的每个研究方向都有一名带头人，要通过学科建设规划引导、职称评定、定岗定级、进修培训、全国党校（行政学院）精品课、校样板课、国际国内学术交流、申报国家课题等平台，培养有影响力的学科带头人。

3. 加大力度引进学科带头人

根据学科实际需求，建议分阶段分批次逐步引进学科带头人。优化和明确招聘条件，细化年龄和职称条件、学术造诣、发展潜力、学术道德以及团队合作等方面的标准和要求，近5年在本学科某些领域取得的突出学术成就等。

4. 以老带新强化主业主课团队建设

充分发挥学科带头人示范引领作用，通过以老带新、名师名徒、"三个一批"、挂职锻炼、蹲点调研、校内外讲学、会议交流、合力攻关等方式，加大学科梯队建设力度，凝练学科方向，优化学科队伍，调整充实一批学科带头人和学术骨干，为学科带头人储备充足的"后备军"。

5. 紧贴主业主课培养锻铸骨干教师队伍

从建好建强团队角度出发，抓住推进"用学术讲政治"一号工程、"教研咨一体化"，为教师成长提供的宝贵机遇，在学科集体备课、合力科研攻关基础上，使每位教师都能有一到两个专题，在授课内容、方式手段、授课艺术、学理支撑等方面，具备主体班授课的条件，特别是青年教师，除给研究生授课外，最重要的是尽快站稳站好主体班讲台，从而有效提升整个学科团队综合能力。

6. 立足主业主课加强人才培养

在推动主业主课团队建设基础上提升高质量办学水平，就必须牢牢抓住主业主课这个"核心点"，在学科建设过程中全面提高人才培养能力。首先，要制订学科人才培养战略方案。立足培养一流人才的根本任务，立足学校的历史与现实，立足各学科发展态势，立足主业主课，对学校发展、人才培养目标及人才规格科学定位，针对主体班、研究生班等制订学科建设人才培养大方案，确定目标、重点、任务、实现路径和条件等。其次，要统筹各学科专业建设提升培养质量。从学校的定位、主业主课需求出发规划学科布局，把学科建设与人才培养紧密联系起来。既要重视在前沿学术的突破，更要注重用学科最新最强优势支撑主业主课建设，提高人才培养质量。再次，要突出实践导向，夯实培养人才的能力根基。要根据人才培养目标开展有针对性的教学研究，并将学科科研方法、成果及研究精神运用到教学中，对学员言传身教；教师在不同培训对象班次教学中，都要注重培养学员问题意识，积极创设问题情境、开展问题研讨，启迪学员思维，培养学员思考和创新能力，做到举一反三；教师要引导学员参与科研项目，在科研实践中深化、理解、吸收所学知识，并转化为学员的创新精神、实践能力。

（二）聚焦主业主课方向推出高质量科研成果

党校科研的总体目标和方向就是根据时代变化和实践发展，加强理论总结和理论创新，为发展 21 世纪马克思主义、当代中国马克思主义作出努力。为此，在学科建设中，必须集中各方资源，着力打造党校科研精品力作，在推动党校教师聚焦主业主课，提升研究能力上下功夫，为繁荣哲学社会科学作出党校贡献。

1. 认清高质量科研成果不足的现实

党校作为理论研究重要阵地，必须在进行学科建设时围绕主业主课，夯实学术研究基础性作用，扩大理论宣传的影响力，提高党校智库的重要地位，发挥好党校职能的作用。但是近年来，中共江苏省委党校（江苏行政学院）在全国党校系统的科研地位和在全省智库的影响力有所下滑。从 2018 年参加中央党校优秀科研成果奖评奖结果、从中共上海市委党校（上海行政学院）等周边省级党校教师年度发表的 C 刊文章数量以及从获得省（部）级领导批示的决策咨询成果来看，还存在一些不足。因此，必须正视目前现状，发挥学科建设作用，变压力为动力，提高组织化程度，使教师真正树立起精品意识，发表更多高质量科研成果。

2. 注重发挥学科团队主体作用

围绕重大主题和江苏省委、省政府关注的重大理论与现实问题，面向党建研究院、党建研究基地、"四中心一论坛"、各设区市党校、学科带头人和学科骨干委托课题，以高质量课题带动高质量成果；引导教师"走出去"，充分挖掘中特理论在江苏实践经验，形成高质量科研成果；着力挖掘青年博士科研潜力，交任务给压力给资源，促进其尽快成长。从 2019 年申报国家社科基金并获得立项情况来看，通过提升科研组织化力度，在获批立项课题数量上还是有所提升的，但是在重大、重点项目上还需要花大力气去争取，这更需要发挥学科团队集体"战斗力",长期潜心研究,通过研究的量变积累来实现质变突破。

3. 科学运用激励奖励办法

建议学校进一步优化高质量科研成果激励政策,并把"花钱"的奖励和"不花钱"的奖励结合起来,提升高质量科研成果的基础奖励水平,大幅提高学术研究高质量成果的奖励标准,并用荣誉感来激励教师潜心科研,多出成果。及时修订颁布《推动科研高质量发展实施办法(暂行)》,更好发挥科研政策导向作用:对申报国家或省社科基金重大招标项目的团队,在申报时就进行奖励;鼓励青年博士申报国家社科基金项目;与以往激励标准相比,在学术文章奖励上有的类别大幅提高;等等。同时,注重发挥"不花钱"奖励作用,如,近三年在校定二类以上核心期刊发表论文的、研究报告被省(部)领导批示或被省级有关部门采用的、获省(部)级科研成果奖的、主持省社科基金及以上课题的教师,在同等条件下学校优先推荐申报各类人才称号和参加各类境内外进修学习。

4. 用高质量科研成果为主业主课提供学理支撑

党校教师的授课,就是要帮助学员领会习近平新时代中国特色社会主义思想、上级部门的指示精神,并通过学理分析的支撑,去引导学员提高分析和解决实际工作问题的能力。要引导学科成果向主业主课方向聚焦,这是科研成果能够提供学理支撑的前提所在。强化成果的精品导向,在全校围绕主业主课实施精品成果战略,健全激励和约束机制,让各学科团队都能真正树立起紧贴主业主课需求开展科研的意识。同时,发挥重点学科牵引作用,引导多学科交叉研究,建立跨学科、跨部门、宽领域、深层次的研究力量组合,合力申报、研究大课题,培育大成果,促进学科成果由数量型向质量型转变。

在此基础上,学科团队要注重贯彻"教研咨一体化"精神,突出一体化导向,重视经过优化的教学评估体系,特别是"问题导向""学理支撑"的权重。科学研究的目的就是要运用科学理论去指导实践,党校教师要多研读马列主义经典、国内外本学科著作、相关学科和其他方面书籍,掌握实证、建构、发展的学术研究方法,通过扎实的研究具备科研功底和成果转化支撑。

(三)围绕主业主课拓展高水平学术交流

借鉴吸收中央党校(国家行政学院)"可以采用'请进来'和'走出去'的方式开展各种学术活动,为教师提供学术交流平台,使教师始终站在理论前沿"的经验做法,围绕主业主课,集中梳理出在教学和科研中需要研究、探索、解决的问题,借助高水平的学术交流平台,在深度的研讨、交流中吸收最新学术信息,开阔学术视野,交流学术难题、拓展学术思维。

1. 组织教师参加学校组织的学术交流活动

各学科要充分组织教师参加中共江苏省委党校(江苏行政学院)科研部门、江苏党的建设理论与实践创新研究院、江苏省中特中心省委党校研究基地、江苏党的建设研究基地、"四中心一论坛"等智库平台、多个学会组织的学术论坛和理论研讨会,请各学科国内知名专家参会或授课,通过"请进来"与教师进行交流、对话、辅导;教研部门还要独立主办全省性学术研讨会、校级座谈会,通过全员参与办会,来提升学术交流水平。

2. 鼓励激励教师参加国内外学术和咨询活动

学科要鼓励和支持教师参加省内或长三角地区的学术活动,参加其他兄弟党校、高校、中央党校（国家行政学院）举办的国家和国际学术会议，并把走出校园的学术交流与合作作为学科建设的重要内容，制订相关计划，不断争取与国内乃至国际的相关学科的交流与合作，加强与学术界和政策部门的对话，学习和借鉴先进的学科建设经验，积极吸引国内外知名专家参与和指导学科建设，并在对外交流过程中提升学科和教师的知名度和学术影响力。

3. 鼓励并指导学科培养对象参加学术交流活动

学科建设要围绕主业主课的培养对象，多鼓励并组织学员和研究生参加学术交流活动。主体班学员既是培训对象，也是教研咨的宝贵资源，多鼓励他们参加学术交流活动也是推动学科建设的一个有力抓手。全日制和在职研究生学员是党校学科培养对象，同时也是推动学科建设的"生力军"，要鼓励研究生多参加国际国内学术交流，这既是提高研究生教学质量的重要举措，也是加强学科建设的重要指标要求。

（四）加大主业主课学科建设的投入

要通过全方位加大主业主课学科建设投入力度，为学科建设源源不断注入"推进剂"，提高学科建设保障水平，促进学科快速发展。

1. 抓好顶层设计

根据《2018—2022年全国干部教育培训规划》《2018—2022年江苏省干部教育培训规划》，以及我校（院）《关于深入推进"用学术讲政治"的实施办法（试行）》《"十三五"科研（含学科建设）规划》等文件精神，按照主业主课的教学布局，统筹协调教务处、科研处、研究生处、各教研部等单位，明确目标、细化措施、制定时间表、拟制规划图，保证学科建设在校委统一领导下，科学、有序、高效推进。

例如，要设计好学科研究方向，现有各学科研究方向要紧紧围绕主业主课来优化设计，今后拟申报新学位授权点的学科更应如此。在设计好研究方向基础之上，不仅在主体班按照规程生成教学专题，全日制和在职研究生班也要实时聚焦主业主课开设课程，增加主业主课比重，设置培养环节、方式方法、阅读书目等；要设计好二级学科向一级学科发展、整合、转型规划方案；要跨学科设计，集中优势力量，完成大型教学活动、科研项目攻关，出大成果、优质成果；要设计好如何不断壮大马克思主义学科群，围绕提高主业主课搭建学科平台，注重内涵特色凝练学科方向，发展树立大学科思想和跨学科观念，依托我校（院）优势特色"党字号""马字号"学科，通过优化配置学科资源、强化学科平台融合，优化学科平台运行和评价机制，确定相对稳定、特色鲜明的研究方向，逐步形成突出党校特色、服务主业主课、满足教学科研需要的学科体系。

2. 抓住骨干队伍

各教研部是学科建设的"根据地"，作为学科带头人和骨干的教研部领导班子，是决定学科发展成败的关键。因此，教研部领导班子必须发挥关键作用，在组织学科全体成员，凝心聚力谋划推进学科发展，要作出表率，发挥关键作为，敢担当、善作为、出实招，以主业主课为核心，提高学科教师的教学科研咨政水平，推进学科做大做强。

3. 加大建设投入

支持包括主业主课重点学科在内的所有学科，在省内乃至国内保持领先水平、争创一流。增强省委党校在全国党校系统的综合实力和学科竞争力，必须在校学科建设规划引领下，在省重点学科建设经费基础上，加大投入力度，整合学校资源设立学科建设专项资金，夯实学科建设的基础。学科建设经费建议可用于以下方向：各学科硬件条件建设，如硬件平台建设改造，设备、图书资料、数据库、信息化设备购置等支出；学科团队建设，如学科带头人、骨干、新教师引进、本校学术"生力军"培养培训等支出；科研攻关、学术交流，为提升学科建设水平开展科研攻关、成果出版发表等支出；学术交流合作，参加高层次国际性和全国性学术会议、邀请国内外知名学者讲学等支出；学员奖励，包括提升学员特别是研究生创新意识、研究能力，形成高质量精品成果等奖励支出；等等。同时，要加强学科建设经费的监督管理，完善经费管理制度，健全控制约束机制，确保经费规范、合理、有效使用。

课题负责人：张桂珍，中共江苏省委党校（江苏行政学院）廉政教育研究中心主任、教授。

党校教学质量评价与激励约束机制研究

当前，党校（行政学院）干部教育要着眼推动学习、宣传和贯彻习近平新时代中国特色社会主义思想往深里走、往实里走、往心里走的总目标，遵循"用学术讲政治"这条主线，坚持问题导向、强化学理支撑，以完善教学评价体系与健全激励约束机制为切入点，抓细做实"教研咨一体化"这项基础工程，促进调研、教研与科研融会贯通，为深化教学供给侧结构性改革、促进教学质量提档升级创造条件。

一、创新教学质量评价与激励约束机制的新要求

加快教学评价与激励约束机制建设，就是在把握新时代干部教育总体要求和干部教育内在规律的基础上，调整、完善和细化教学评价指标体系，并据此建立健全相应的激励约束机制，为落实高质量办学的目标提供评价与考核依据。

（一）践行"用学术讲政治"的要求

当前，深入推进习近平新时代中国特色社会主义思想教育培训，必须准确阐释习近平新时代中国特色社会主义思想的理论内涵，用学

术话语呈现习近平新时代中国特色社会主义思想蕴含的立场观点方法，运用科学的学术分析框架聚焦改革和发展的实践命题，为学员提供系统、规范和高效的管理手段和决策思路，增强领导干部观大势、谋全局和抓落实的能力。贯彻和落实"用学术讲政治"，就是要求教学过程更加注重对习近平新时代中国特色社会主义思想的理论剖析，更加强调知识体系的梳理和建构，更加突出对学员理论分析和应用能力的培养。从深化教学供给侧结构性改革视角看，探索和构建可量化、可操作和可考核的评价指标体系，就是为"用学术讲政治"提供实践参照和评价标准；不断健全和优化激励约束机制，就是要为教师自觉贯彻和落实"用学术讲政治"注入活力和动力。

（二）实现"教研咨一体化"发展的要求

推动"教研咨一体化"发展是实现高质量办学的基础。实现这一目标的关键是调动教师的积极性。显然，完备的激励机制是重要的指挥棒。为此，不仅要在职称评定等环节设置约束条件，还要在优化正向激励方面下功夫，加快制定和完善教师贯彻"教研咨一体化"发展的"激励清单"。从党校强化主业主课地位，落实干部教育主体责任角度看，"调研"和"科研"最终还是要回归"教研"这个本位，才能体现党校干部教育主阵地的属性和要求。因此，推动"教研咨一体化"发展要进一步明确教学工作的核心地位，让"科研"与"咨政"能够紧紧贴近教学、服务教学，走出党校特色的科研和咨政道路，将"用学术讲政治"的要求真正落实到教研咨的全过程，使这三方面的能力在党校教师职业发展中相互支撑、有机融合。这就要求科学构建教学质量评价指标体系，引导教师按照"教研咨一体化"的要求做好职业发展规划，全面提升理论研究和教学创新能力。

（三）顺应干部培训新形势的要求

干部教育必须兼顾平衡好组织需求、岗位需求和学员需求三方面关系。党的十八大以来，这三类需求在干部教育培训中发生了深刻变化。一是组织需求的内涵更加丰富。随着中央提出新时代好干部的20字标准，明确了增强"四个意识"、坚定"四个自信"、做到"两个维护"的要求，对干部的政治素质和党性修养提出了更具体的要求，干部教育的组织需求发生了深刻变化。二是岗位需求的内容更加精细。围绕推动高质量发展的总目标，各领域和各部门的改革和创新工作对领导干部的能力素质提出了更高要求。领导干部进党校学习是带着工作中的困惑与挑战来的，也渴望能够通过学习找到答案。这就要求教师更加关注学员的岗位需求，能够有针对性地答疑解惑。三是学员需求更具个性化。学员的年龄结构、学历水平、信息获取能力都有了很大改变，对教学内容和呈现方式有更多的个性化需求。因此，干部教育必须把握需求变化，构建细化和具有可操作性的教学质量评价标准，引导教师在专题开发和设计、教学组织和实施过程中将这些需求落实好、平衡好和转化好。

二、教学质量评价与激励约束机制的评价

"十三五"时期，校（院）以全面推动教学供给侧结构性改革为主线，通过教学专题的内容更新和结构调整，加快教学方式的创新力度，进一步优化教学总体布局，为健全和完善教学质量评价体系创造

了有利条件。

（一）教学质量评价与激励约束机制建设的举措与成效

近年来，校（院）教学改革的力度持续加大，以深化教学供给侧结构性改革为主线，通过加强校级层面的统筹协调，完善和细化教学专题的生成机制，实现了教学专题的持续更新和教学布局的不断优化。在推进教学改革的过程中，教学质量评价与激励约束机制建设的步伐也不断加快。一是搭建起了教学质量评价的框架，明确了教学质量评价的方向和原则。从严守政治纪律、坚持问题导向、突出学理支撑和注重讲课艺术四个方面，为教师改进主体班次教学质量提供了遵循。二是对核心要素的权重进行了调整，突出了问题导向和学理支撑的重要性。严守政治纪律，明确了教学的底线，为坚持党校姓党、讲台有纪律提供了遵循。问题导向和学理支撑则为改革教学方式和提升教学质量提供了导向。授课艺术的评价指标也为教师更加注重教学基本功的培养指明了方向。三是在激励约束机制建设上进一步突出了教学对科研和咨政的引领。近两年来，学校加大了对科研和咨政的激励力度，从更好地服务教学的角度，探索实行差异化激励措施，对扎实做好"用学术讲政治"背景下的教学管理提供了基础条件。四是健全和完善主体班次教学专题生成的流程和机制，提高了专题开发和管理的组织化水平。积极顺应新时代干部教育培训的要求，进一步调整了教学板块的结构比例，对教学专题的内容进行了持续优化，明确了教学专题更新与调整的基本原则，完善了专题开发的要求与流程，为健全和细化教学质量评价标准提供了依据。五是教学开发和管理的资源保障与配套支持体系得到了进一步整合与完善。教研部的集体备课、教学督导组的评课、优秀教学专题的公开示范课、新旧教学专题的轮替休耕等做法向着制度化的方向稳步发展。

上述这些做法和措施提高了教学专题开发的效率和管理水平，为细化和完善教学评价指标创造了条件、提供了依据。概括地看主要取得了如下的实践成效：一是提高了教学专题开发的组织化水平。通过教学供给侧结构性改革，主体班次教学专题开发过程中，各方的关系逐步理顺，从教师到教研部，再到学校教务部门、督导组等各方围绕专题开发的力量得到进一步整合。二是提升了教学新专题的生成质量。近年来，学校制定了专题立项、招标、开发和评价的流程，完善了开题、备课、试讲等环节的工作机制，做实做细各种"前端"工作，有助于提升专题质量。三是提升了教学专题管理的规范化水平。明确和细化了教学专题考评、更新和调整的原则、流程与标准，加快了教学专题更新的效率。教学评价的主体更加多元，评价结果更加客观与合理，更加注重对教学评价结果的应用，提高了教学管理规范化水平。四是为教学质量评价提供了指向。完善了教学质量评价的框架要素，提高了学员评价的精准度，为改进教学质量提供了有效反馈，有助于教学专题的持续打磨和优化。

（二）教学质量评价与激励约束机制运行中的主要问题

教学质量评价与激励约束机制的"指挥棒"功能，决定了它不仅具有教学效果的评估功能，对教学专题的开发和生成，对教学管理的过程，甚至对教师的职业成长都会产生影响。教学改革没有止境，不断增强教师在专题开发过程中的积极性和主动性，始终是党校教学改革的主题。当前，从党校高质量办学的全局出发，科学理顺教务管理部门和教研部门的关系，更好地发挥导向作用和保障功能，在教学质量评价与激励约束机制运行中仍有以下几方面需要探讨。

1. 如何更好地调动和发挥教研部门的积极性与创造性

如前所述，深化教学供给侧结构性改革需要充分发挥学校的统筹协调作用，从全校的层面明确专题开发的内容、教学管理的要求，以及教学质量评价的标准，形成教学专题内容更新和结构优化的合力。近年来，江苏省委党校教学改革取得的成效正是得益于宏观层面的统筹。但是，同时也应看到，充分调动教研部门的积极性，发挥其在专题征集、课程开发等重要环节的作用，让教研部门将适合的教师推选出来承担能够胜任的教学专题，推动高质量办学。

2. 如何进一步发挥学科建设的促进和保障功能

贯彻和落实"用学术讲政治"的要求，必须充分发挥学科建设的支撑功能。虽然干部教育有一般的规律性和规定性要求，但是，不同学科都有自身的专业研究领域，有其独特的理论范式与研究路径。一个教师所接受的规范化的学科思维训练与知识积累也决定了他能够承担什么样的教学专题。如果脱离了学科平台，教师在专题开发和设计方面就会缺少"底气"和"养分"。从长期来看，筑牢教师的学术功底最终要落脚到学科建设上。学科建设搞好了，用学术讲政治才会有支撑、有底气。因此，教研部门要下大气力抓好学科建设。只有不断增强教师的学科意识、努力培养教师的学术修养，才能为开发高质量的教学专题提供保障。

3. 如何增强教师贯彻"用学术讲政治"主动性

何毅亭概括了教师贯彻"用学术讲政治"过程中存在的问题：有的教师认为自己的课已经讲得很成熟了，这些年学员评分也不低，可以高枕无忧，改不改都没关系；有的教师虽然看到自己在"用学术讲政治"上存在差距，也想通过改革提高一步，但不知道怎么下手；还有一些教师缺乏进取精神，怕苦怕累，不敢迎难而上。因此，面对当前贯彻和落实"用学术讲政治"存在不平衡和不充分的情况，必须增强教师的责任感和主动性，把"让干部听了理论上更通透，认识上更清醒，转化到实践更知道如何才能把工作干得更好"作为教学质量评价的取向。

4. 如何为青年教师提供更宽广的"缓冲"地带

随着主体班次教学专题生成机制的完善，青年教师进入主体班次教学的通道进一步拓宽。但由于实践经验不足，对教学规律的理解与把握能力欠缺，青年教师面临着"不对称"竞争的压力，教学质量评价排名靠后甚至垫底的情况比较多，根据现有激励约束机制有的会被调整，并且后续更难获得进入主体班次教学的机会，加大了青年教师开发新专题的风险。因此，除了加强正向激励，还要对勇于尝试教学改革与创新的青年教师进行容错，对探索中出现的不尽如人意的地方要包容和宽容，给他们试错、改进和提高的时间。同时，也要为他们提供组织化的帮助和保障，探索以老带新、AB角、集体备课、项目组等方式，帮助青年教师改进和完善教学专题。这也是完善教学质量评价指标需要进一步着力聚焦之所在。

三、中央党校和部分省级党校完善创新教学质量评价与激励约束机制的做法

近年来，党校教学改革和创新的重要性不断增强。2018年11月，

《2018—2022年全国干部教育培训规划》提出要着力提高教师"用学术讲政治"的水平。这是党中央文件中首次提出"用学术讲政治"的命题和要求。

  一是明确了教学改革的目标。在2019年12月召开的全国党校（行政学院）系统教学改革研讨会上，何毅亭提出，要把推动"用学术讲政治"教学改革作为各级党校的"一号工程"，由校（院）委会亲自管、亲自抓，特别是分管日常工作的副校（院）长要直接上手抓实抓好。在中央党校的精心部署下，省级党校的教学改革已经全面铺开。二是出台了相关政策与保障措施。2019年年初，中央党校（国家行政学院）在广泛征求各教学相关部门意见基础上，出台了《关于进一步改革和完善教学管理机制的实施办法》，提出的各项激励和约束措施正在抓紧落实。其中，教学质量评价指标体系的建设即是重要的改革内容。三是启动了"用学术讲政治"样板课打造工程。目前已经打磨形成的样板课，加上推荐参选精品课的课程，为深化教学改革和落实"用学术讲政治"提供了范例，也为进一步探索和细化"用学术讲政治"导向下的教学质量评价指标体系提供了参照和依据。当前，中共江苏省委党校（江苏行政学院）样板课的打磨工作已经全面推进，要总结样板课开发过程中的经验，以便更好地完善教学质量评价指标体系。四是进一步完善了相关的配套保障措施。中央党校（国家行政学院）采取分步激励办法对打造"用学术讲政治"样板课的教师进行激励。提出"双末位"调整的思路，既调整一个班上评估总分的末位，也调整"理论阐释"单项评估得分的末位。此外，"双末位"调整还充分体现了容错导向。对于评估总分排名末位，但"理论阐释"单项高于本班平均分的，可以暂不调整。这些举措也为完善教学质量评价指标提供了参照。

从教学质量评价指标体系建设来看，省级党校按照"用学术讲政治"的要求，调整了教学质量评价的内容板块，进一步突出了政治纪律和学理支撑的评价权重。本课题对中央党校（国家行政学院）、中共浙江省委党校（浙江行政学院）、中共上海市委党校（上海行政学院）、中共安徽省委党校（安徽行政学院）、中共山东省委党校（山东行政学院）和中共四川省委党校（四川行政学院）的主体班次教学质量评价指标进行了对比，得出了以下几方面的结论。

1. 教学质量评价的内容板块一般为四五项

教学质量评价的一级指标主要包括政治纪律（坚持党校姓党）、学理支撑（坚持"用学术讲政治"）、问题导向（现实感与针对性）、讲课艺术（教学方法）。对政治纪律都明确了"一票否决"原则，强化了教师的政治素养要求。加大了"学理支撑"在评价中的权重，基本上都定位在60%的权重，突出了"用学术讲政治"的评价导向。对问题导向和讲课艺术（方法）的评价权重设置有所不同。有的设置为各占20%[中共山东省委党校（山东行政学院）]、有的提高问题导向的权重为35%[中央党校（国家行政学院）]、30%[中共江苏省委党校（江苏行政学院）]。从全国党校系统精品课评选标准来看，还强调"国际视野和历史参照""独到的语言风格和适宜的表达技巧""注重互动效果""提供分析问题的理论参照"等要素。

2. 适应教学方式创新要求进行分类型设计

中央党校（国家行政学院）按照讲授式教学、研讨式教学、案例教学、现场教学的类型划分，以学术框架和理论阐述的权重调整为主线，对教学质量评价的指标体系进行了优化。中共安徽省委党校（安徽行政学院）根据主体班次教学专题的类型，形成了讲授式教学与非讲授式教学两套评价指标体系，让评价指标能够根据教学方式不同体现差异性。其中，讲授式教学质量评估包含政治纪律、理论阐释、问题导向和讲课艺术等要素。中共上海市委党校（上海行政学院）在"专题讲授类课程"和"其他类型课程"划分的基础上，对教学质量评价指标做了差异化设置。随着案例教学等非讲授式教学方式的重要性不断提高，下一步也应在类型化的基础上更加有针对性和精细化地体现教学评价的差异。此外，还应探索在不同教学单元构建和细化教学质量评价指标体系。

3. 对教学质量评价的二级指标进行了分解

从中央党校和省级党校的教学质量评价来看，二级指标的设置有了大致的方向和原则性要求。例如，在"政治纪律"（坚持党校姓党）要求方面，主要包括"增强'四个意识'""坚定'四个自信'""做到'两个维护'""在政治上与党中央保持高度一致""正确阐释党的基本理论、基本路线、基本方略""在思想上、政治上和行动上同以习近平同志为核心的党中央保持高度一致"等要素，为构建二级指标体系提供了方向。关于"问题导向"（现实感与针对性），主要内容指向包括"紧密围绕中央和省委、省政府的中心工作""关注改革发展稳定中的热点难点问题""紧密联系学员的思想和工作实际"等，基本描述和勾勒出了这一指标的基本内涵与指向。关于"学理支撑"（用学术讲政治）的要求，现有的教学质量评价指标体系体现得比较充分，主要体现为"有完整的学术框架""学术接口精准""能够给学员提供一套分析问题的理论参照坐标""能把握学术研究的最新动态""充分体现本领域的最新研究成果""具有国际视野和历史参照""观点明确，论述充分，有理论深度"等，下一步要在这些原则和方向基础上，以教学单元的划分为基础，探索更加细化的指标。关于"讲课艺术"（讲课方法）的构成内容，在中央党校和部分省级党校的教学评价体系中主要形成了"独到的语言风格和适宜的表达技巧""表达清晰、语言生动、富有感染力""注重互动效果""善于调动学员积极性"等明确要求。这些对一级指标的阐释为二级指标的建构奠定了基础、提供了指向。因此，校（院）在创新教学质量评价与激励机制的过程中，在现有的教学质量评价体系基础上，要侧重于界定和阐释二级指标，细化和优化三级指标。

四、教学质量评价与激励约束机制创新的方向

当前，推动学习宣传贯彻习近平新时代中国特色社会主义思想往深里走、往实里走、往心里走，是各级党组织和党员干部的重大政治任务，也是校（院）推动高质量办学走在前列必须确立的目标。基于此，教学质量评价和激励约束机制建设要围绕这个目标，细化教学质量评价的具体指标，充分发挥质量评价和约束激励机制对教学改革和创新的导向作用。

（一）完善教学质量评价体系的基本思路

教学质量评价体系与激励约束机制的建设具有重要的导向功能，既反映了新时代干部教育的价值取向和目标定位，也体现着干部教育的内容要求和质量标准。因此，要进一步细化和完善激励政策，更有效地调动教师的积极性，鼓励大家积极投身教学改革，促进教学质量再上新台阶。

1. 要体现激励与约束相结合的原则

构建和完善教学质量评价指标体系，以及在此基础上创新激励约束机制，必须统筹兼顾、精准施策，既要划清底线，也要提供动力。当前，在推动高质量办学方面已经初步实现了有规划、有政策、有措施，学校关于教学供给侧结构性改革的制度和管理流程建设已经基本定型和成熟。相比之下，"用学术讲政治"政策和措施的执行是下一步的重点工作。在此过程中，要着力发挥教学质量评价和激励约束机制建设的牵引作用。首先，要通过完善教学质量评价指标，指导教师对标要求，正确理解和主动践行"用学术讲政治"。其次，要在现有教学、科研激励政策的基础上，进一步细化具体措施，确保落实到位，产生激励效应。再次，要严格落实约束机制，筑牢主体班次教学质量保障的"底线"与"防线"。

2. 兼顾学员评价与教师对标两方面的功能

前者要求教学质量评价主要突出原则性和指向性，评价的指标不宜太细，便于学员理解和操作。后者则要求对核心指标作进一步的细化，将党校主体班教学的基本原则转化为具体的可操作性的要求，让授课教师能够精准对标，找出自身的差距和不足，更好地进行教学专题设计与实施。从评价指标调整和优化后的实施情况看，现有指标体系能够为学员进行教学专题的授课质量评价提供参照。下一步要组织教师深研"用学术讲政治"的实践要求，进一步明确落实"用学术讲政治"的重要环节和基本要素，并据此不断细化教学质量评价的二级和三级指标，构建更加科学完备的评价体系。

3. 根据教学方式探索制定差异化评价标准

中央党校（国家行政学院）针对案例教学单独设置了评价指标。

评估项包括案例选编（20%）、课堂组织（30%）、总结点评（50%）。下一步在创新教学评价和约束机制的过程中，在明确主体班教学质量和效果评价一般原则的基础上，更适当地反映不同教学单元和不同教学方式的教学质量评价差异性标准。特别是对一些教学方式创新的专题，在教学质量评价方面给予适当的倾斜，以更好地激发教师开发新专题和创新教学方式的积极性。安徽省委党校就区分讲授式与非讲授式教学专题，制定不同的教学质量评价标准体系。上海市委党校对现场教学、案例教学等教学方式的专题评价也形成了差异化的评价指标。

（二）创新完善激励约束机制的关键节点

当前，教学改革和创新正处于加速推进的阶段，"用学术讲政治"提供了方向，"教研咨一体化"提供了路径，教学供给侧结构性改革提供了抓手。在创新和完善教学质量评价和激励约束机制的过程中，必须充分考虑和统筹整合这些要素。

1. 不断强化"用学术讲政治"的评价导向

全面贯彻和系统落实"用学术讲政治"的要求，是推动党校教学高质量发展的主线。这就要求教师在教学过程中要突出理论框架的解释力和说服力，要把理论讲活、把问题讲透，让学员听课后既明白了为什么，也明白了怎么做。从教学评价视角来看，坚持"用学术讲政治"就是要提高教学的思想性，努力培养教师的学科意识，在学深悟透弄通习近平新时代中国特色社会主义思想的基础上，选准"学术接口"，立足江苏全面深化改革和推动高质量发展的实际，选取具有解释力的理论分析框架和科学分析方法，给学员提供分析问题的理论参照，提高学员分析和解决问题的能力。这是教学质量评价的基本原则，在二级和三级指标的设计方面要进一步细化和具体化。

2. 形成教学与科研激励的合力

新时代干部教育形势的深刻变化，对党校教师的政治素养和教学能力提出了更高的要求，只有把这些素质和能力要求细化和具体化，才能为打造高水平的党校师资队伍提供遵循和依据。基于此，必须注重教师学术素养和能力的培育，"教研咨一体化"就是必由之路。当前，教师对这一要求的理解仍然存在差异，不愿、不会的问题仍然存在。因此，完善教学质量评价指标体系，创新激励和约束机制与措施，必须以"教研咨一体化"为目标和导向，以形成教学与科研激励合力为着力点。要将围绕"用学术讲政治"列出的评职称资格条件转化为"硬杠杠"，真正把教师的主要精力集中到教学上来，集中到"用学术讲政治"上来。

3. 进一步明确和细化约束机制

近年来，中共江苏省委党校（江苏行政学院）在推进"教研咨一体化"过程中，激励政策和措施进一步丰富和细化，这是深化教学改革和创新的稳定动力。下一步应在夯实激励基础和加大实施力度的基础上，不断细化和明确约束机制，使两方面的工作并行推进。2019年，中央党校（国家行政学院）提出"双末位"调整，即调整一个班上评估总分的末位，也调整"理论阐释"单项评估得分的末位，这可以为增强教学专题的学理支撑提供导向。

4. 要着眼引导和促进教学方式的创新

教学质量评价指标体系建设还要发挥对教学方式创新的促进功能。近年来，中组部和中央党校（国家行政学院）要求提高案例教学在干部教育培训课程体系中的比重。在中央党校的主体班次中，案例教学占课程体量的比例已经达到1/3。因此，案例教学在党校系统干部培训的课程开发和创新方面的重要性将进一步凸显，成为扎实推动学习、宣传、贯彻习近平新时代中国特色社会主义思想往深里走、往实里走、往心里走的重要抓手。进一步健全和完善校（院）教学质量评价与激励约束机制，要在教学方式创新方面加大激励和保障力度，积极引导更多的教师研究和探索案例教学模式。

五、优化教学质量评价与激励约束机制的对策

新时代干部教育的形势和要求，决定了必须探索构建一套体系完备、运行高效的教学质量评价体系。在此基础上，建立健全教学高质量发展的配套体系。当前，应探索以下几个方面的工作。

（一）调整和优化教学质量评价的要素结构

1. 保持整体结构板块的相对稳定

综观中央党校和部分省级党校的教学质量评价指标可以发现，政治纪律、问题导向、学理支撑、讲课艺术这四个板块构成教学质量评价的核心要素和主体框架。当前，完善和创新教学评价、激励和约束机制就是在这个架构下进行细化，扩展和丰富教学管理的实践抓手。当然，除了政治纪律实行"一票否决"制之外，其他三个主体要素的比例分配并不完全一致。这要根据教学改革和创新的实施情况，以及对贯彻落实"用学术讲政治"情况的评估，对三个板块的比例进行调整，体现一定的灵活性，发挥指挥棒的功能，有针对性地强化某个指标的要求。

2. 增强学理支撑的意识和能力

首先，要通过教学质量评价指标的导向功能，引导教师聚焦当下改革发展稳定中的问题，创造和提炼学科新概念、新范畴、新表述，对这些问题进行具体的描述，建立和运用中国化的学科研究范式、理论框架、分析方法，对问题进行理论阐释与实践分析，提出具有启发性和指导性的思路与对策。其次，要在教学质量评价过程中进一步明确，学术只是手段，讲政治才是目的，要严格遵守政治纪律和政治规矩，在教学质量评价指标上突出政治意识、政治站位和政治自觉的评价。再次，要引导教师加强理论学习，定期开展经典讲读和学术交流活动，帮助教师增强学术涵养，营造浓厚的学术氛围，科学定位"用学术讲政治"在课程开发和教学实施的要求，提高教学管理的规范化水平。

3. 要强化问题导向和提高回应能力

首先，教学改革和创新要坚持有需求必有回应的原则，注重调查、了解和把握学员的需求。当前，要用好校内外、课内外两个维度的调研平台，提高教学专题开发的调研质量，不断扩展调研的渠道，努力提高调研的质量。其次，要引导教师更扎实充分地落实有回应的原则，在教学过程中聚焦和凸显学员的能力培养。要在教学专题开发、设计和论证的各个环节，都要聚焦和研究岗位要求，注重培养学员的专项能力，全面收集和把握学员的需求，将这些要求落实到教学质量评价指标的设计过程中。再次，要通过组织化的形式提升教师坚持问题导向的能力，通过组织主体班次授课教师定期进行经验交流等措施，提高教师把握学员需求和提高回应能力的路径和方法，形成互学、互助的良好氛围，让"用学术讲政治"成为教师成长发展的理性自觉。

（二）进一步细化教学质量评价的二级指标

中共江苏省委党校（江苏行政学院）现有的教学质量评价指标主要体现原则性和导向性，为学员评价提供指向和参考，具有简洁明了和便于操作的特点。但是，从教师的角度来看，这些指标在教学开发和管理的过程中，还应该层层细化，在二级指标和三级指标上可以根据每个教学单元的特点和要求，做进一步具体化，使之能够更好地体现教学评价的精准性。

（三）不断健全和优化教学专题的生成机制

努力优化教学专题的生成过程，不断提高教学管理的科学水平，是贯彻"用学术讲政治"的关键。一是要进一步完善教学调研和专题发布。要突出和加强教学的调查研究，既要关注学员需求调查和教学满意度反馈，也要注重党校师资队伍内部的意见征集、调查分析，在专题设置和招标等方面，要根据新情况、新问题，不断完善调动教师积极性的管理机制。要抓实做细教学设计，不仅要坚持问题导向，找准学员关注的问题，还要准确把握各教研部门的学科优势，统筹配置好教师资源。二是要细化和完善专题申报的工作机制。要做好专题招标的宣传和动员，进一步明确教研部门的集体选题和申报组织责任，克服个人"单兵作战式"的申报模式，在教师个体、教研部门、教务部门之间形成前端合力，不断提高教师参与招标的积极性，让有条件、有意愿、有能力的教师更好地进入专题开发阶段。加强申报教师前期研究成果等方面的评估，突出"用学术讲政治"在专题申报的前期积累，让有成果、有积累的教师更有机会进入申报过程。三是要强化教学专题开发的动态管理。教师一旦提出申报新专题或参加招标专题后，相应的动态管理工作就应该启动和跟进。教研部门要统一进行专题申报的开题会，和教师一起攻坚克难。申报者应该介绍个人的教学设计，听取部门同事的意见，形成教学专题的设计方案。在听取意见修改完善的基础上，申报者要在教研部门进行试讲。对一些内容容易交叉的专题，还要重视发挥学科组的作用，尝试跨部门之间听课，教务处要加强对这些工作的考核与评价。督导组的指导也应该适当提前，可以尝试在教研部集体备课和听课的环节引入督导组成员参与的方式，以帮助教师（特别是年轻教师）提高备课质量。

（四）努力创新主体班教学的激励约束机制

构建科学完备的激励和约束机制，是调动教师积极性和主动性、推动高质量办学的重要抓手。一是要尽快落实教学与科研考核和激励的政策。要引导教师贯彻"用学术讲政治"的意识，强化教师落实"教研咨一体化"的意愿，营造良好的教学改革与创新的氛围。要扎实稳进地推动样板课建设工程，除了要遴选优秀专题，做好打磨之外，还要建立样板课培育库，将一些有潜力的重要专题纳入培育清单，形成精品课和样板课培养打磨的"梯队"，并落实好配套保障和激励措施。二是要进一步增强教师对"用学术讲政治"重要性的认识。要不断提高教师主动践行"用学术讲政治"要求的自觉性，在专题开发过程中，将学术框架的合理性，以及学理支撑的有效性作为核心评价标准，全面体现在专题设计、论证、试讲等各个环节。三是要强化和细化政治纪律要求。除了要坚持"一票否决"的底线原则之外，还要细化"讲台有纪律"的具体要求。要突出教师学习领会习近平新时代中国特色社会主义思想的功力，在授课过程中思想和观点要同以习近平同志为核心的党中央保持高度一致，要正确阐释党的基本理论、基本路线、基本方略。四是要用好党校不同教学板块的资源和平台。要注重发挥硕士研究生和在职研究生教学的促进功能，以此为教学改革创新、师资队伍历练的平台。要健全和完善硕士研究生、在职研究生授课质量评价指标，提升评价的科学化水平，并将其作为主体班次教学准入的重要参照，为教师扎实推进"用学术讲政治"提供养分和注入动力，在年轻教师培养和练兵方面发挥作用。

（五）加快"教研咨一体化"发展的配套措施

推动"教研咨一体化"是整合党校资源、全面落实"用学术讲政治"的基础工程。当前，要充分发挥教学质量评价与激励约束机制建设的导向作用，增强"教研咨一体化"发展的助推功能。为此，要进一步完善和创新配套措施，打通教学、科研和咨询之间的通道，突出和强化教学对调研与科研工作的引领作用，引导教师注重三者的融合发展。一是用好校内科研资源与平台，突出教学需求在科研中的比重。要根据学校主体班次的教学需求，每年有针对性地发布科研和咨询选题，在科研立项、资金配套，以及评奖和激励方面，优先考虑与教学专题的关联性，建立健全更加灵活的教学与科研转化机制，特别是要引导青年教师围绕教学选题做好科研规划和积累，不断增强他们的"教研咨一体化"发展意识。二是要鼓励教师深研教研规律，不断创新教学方式和方法。学校相关部门要做好教学服务和保障，为教师成长营造良好环境。教研部门要建立学术帮扶机制，帮助教师弥补学术短板，如何把现实问题转换为理论问题，找到合适的理论框架，要有过硬的学术功底作支撑。要通过发挥教学质量评价的导向功能，努力引导党校教师牢固树立"精品"意识，把主要精力放在校内教学科研工作上。要通过举办师资培训班、完善跟班听课、发挥精品课和样板课示范效应等方式，引导教师更加重视探究教研规律。要借鉴兄弟党校的先进经验和成功做法，探索项目制等组织形式在教学方式创新中的实施机制。三是要引导教师增强使命意识。党校教师牢记初心使命就是坚持党校姓党，搞好主业主课，把每一堂课都打造成精品。要坚持"边开发、边打磨、边示范"的工作思路，组织全校教师观摩样板课，请样板课主讲教师介绍备课体会。全体教师要认真学习借鉴样板课经验，找到自己的不足并加以改进。四是要鼓励教师多出高质量的咨政成果。咨政成果是调研和科研互相融合的产物，是党校教师服务地方党委政府的重要通道，也是调研和科研反哺教学的基本工具。缺少了咨政这个功能维度，党校教师的科研必不完整。只有扎实做好调研，多出高质量的咨政成果，才能更好地聚焦和坚持问题导向，不断提升课堂教学质量。

课题负责人： 刘伟，中共江苏省委党校（江苏行政学院）科研处副处长（主持工作）、教授。

省情教学单元贯彻"用学术讲政治"研究

省情教学单元是党校教学中的重要板块,与其他单元相比,有着独具特色的学理框架和教学规律,如何按照"用学术讲政治"的要求提高课堂教学水平,迫切需要深入研究。本项研究以问题为导向,探索省情教学单元所独具的学术框架和学理逻辑,聚焦分析当前面临的主要问题,提出提升教师"用学术讲政治"能力与水平的相关对策。

一、研究的背景和意义

(一)"用学术讲政治"是党校教学改革的"一号工程"

习近平总书记强调,我们党作为马克思主义政党,必须旗帜鲜明讲政治。党校是学习研究宣传马克思主义的重要阵地,是党的哲学社会科学研究机构,是中央和各级党委政府的重要智库。党校因党而生、因党而立、因党而强,一切活动,包括教学活动,必须始终坚持以党的旗帜为旗帜、以党的意志为意志、以党的使命为使命。这一定位决定了讲政治是党校教学工作的生命线。

中共中央 2018 年 11 月印发的《2018—2022 年全国干部教育培训

规划》强调:"着力提升教师用学术讲政治的水平","用学术讲政治"成为新时代干部教育培训的新理念新要求。全国党校(行政学院)系统第七次教学改革研讨会明确提出,深入推动"用学术讲政治"的教学改革是当前和今后一个时期党校的"一号工程"。因此,用学术讲政治是坚持党校姓党的内在要求,也是加强党校师资队伍建设的重要抓手,更是推动党校高质量办学的现实需要。

党校教师必须把"用学术讲政治"作为教学的基本遵循,深化"用学术讲政治"的教学理念,研究"用学术讲政治"的教学规律,提升"用学术讲政治"的教学能力,探索"用学术讲政治"的教学方法。

(二)省情专题是干部教育培训的重要板块

省情是全省最基本的"家底"。摸清这个"家底"是做好各项工作的前提和基础,也是各级领导干部的基本功。各级党员干部既要了解历史省情,又要准确掌握现实省情,尤其要从发展角度,深入学习领会党中央和省委、省政府的决策部署,分析江苏发展所面临的各种问题,形成科学的判断和清晰的思路。党校教学中设立省情教育这一重要板块,既有助于学员把握当前和未来一段时期的政策部署,明确工作重点,把握新的战略定位,也有助于借鉴各地的发展经验,为在更高层次上解决现实问题打下良好的理论和实践基础。

目前,中共江苏省委党校(江苏行政学院)开设了《丰富拓展"两聚一高"的实践内涵》《长三角一体化与江苏新机遇》《全面深化江苏行政体制改革》《着力保障和改善民生》《推动高质量发展走在前列》《苏浙粤鲁经济发展比较及启示》《大力实施乡村振兴战略》《实施"1+3"功能区战略 推动江苏区域协调发展》《扩大开放增创江苏开放型经济新优势》《振兴江苏实体经济的人才支撑》等10门课程，授课教师10多人。

（三）"用学术讲政治"是讲好省情课的根本理念

省情教学既是学员极为关注的专题，也是政治性、学理性与时代性高度统一的专题。目前党校学员的学历层次明显提高、实践经验比较丰富，很多学员对现实问题有着深入的理论思考，这对省情课的教学提出了更高的要求。提高省情课教学水平的重要路径就在于"用学术讲政治"。省情方面的专题都涉及重大的现实问题，单纯分析问题、阐释上级政策和工作部署，很难满足学员的需求，必须用学术去解读政治，站在理论的高度为现实问题寻找学术接口，搭建好学理框架，让学员从学术的角度、从理论的维度，获得对现实问题的深层次理解，这样才能让学员觉得省情专题课讲得透彻，听得解渴。

二、省情教学单元"用学术讲政治"的特点与存在的问题

（一）省情单元的教学特点

1. 政治性

省情是全省最基本的"家底"，摸清这个"家底"是做好各项工作的前提和基础，也是各级领导干部的基本功。党校教学中设立省情教育这一重要板块，就是为了紧密贴近中央对江苏发展的方针，贴近省委、省政府的中心工作和最新部署，从课程设置上体现了高度的政治性，体现了党校姓党的政治要求。

2. 学理性

目前党校学员的学历明显提高，实践经验比较丰富，很多学员对现实问题有着深入的理论思考，这对省情课的教学提出了更高的要求。学理性既是当前学员的现实要求，也是发挥党校教师的学术研究优势、提高党校省情课教学水平的重要路径。

省情方面的问题都是重大的现实问题，单纯分析问题、阐释上级政策和工作部署，很难满足学员的需求，必须用学术去解读政治，站在理论的高度为现实问题寻找学术接口，搭建好学理框架，让学员从学术的角度获得对现实问题的深层次理解，才能让学员从学理和发展规律的角度，从更为宽阔的视野，深刻理解中央和省委决策的宏观背景和战略意图。

3. 时代性

省情单元的教学专题在设置之初，就紧密结合省委、省政府当前的中心工作，具有鲜明的时代性特征。这既有助于学员们把握当前和未来一段时期的政策部署，明确工作重点，把握新的战略定位，也有助于借鉴各地的发展经验，为在更高层次上解决现实问题打下良好的理论和实践基础。

（二）省情单元"用学术讲政治"面临的问题

在省情单元教学中贯彻"用学术讲政治"，需要教师运用学术语言、学理框架和学科方法完整准确地讲清楚专题所承载的党的理论、路线、方针、政策、措施以及省委、省政府最新出台的各项政策、措施的背景和战略意图，让学员听明白、弄清楚中央和江苏有关精神背后的学理性和逻辑，从而提高贯彻落实的自觉性和准确性。

根据调查，省情单元的教师已经普遍认识到用学术讲政治的重要意义，不愿"用学术讲政治"的现象基本不存在，目前主要是"不敢用、不会用、不善用"的现象比较突出。

1. 基础知识储备不足，不敢"用学术讲政治"

面对党校教学更加突出问题导向、实践导向，强调用学术讲政治，部分教师深感存在着本领恐慌。一是表现为对"政治"理解有限。这里的"政治"不只是讲政治立场、政治站位、政治纪律，而是对政策的政治高度理解不够。其中的原因既有教师能力不足的问题，也有外部条件的限制所致。一方面，教师了解省情政治的途径相对有限，目前主要是根据省委、省政府颁布的文件和媒体发布的信息来整理获取；另一方面，学员往往比教师更"接近"省情政治，甚至有的学员本身就是省委、省政府某些政策的起草者、制定者、参与者，他们比教师看到的内部文件更多，对省情政治及其"背后的故事"了解得也更深。这种信息不对称严重影响到教师"讲政治"的水平，甚至是信心。二是对基层实践情况了解不足。部分教师在讲授省情单元时，由于对本省实际情况了解不够，讲述相对较少。即使有讲授，对本地区实际情况的了解也不深、不准，针对性不强，解决实际问题的功效不大。党校学员来自全省不同地区，每个地区的情况各不相同，学员不仅想要听到全国的国情、江苏省的省情，对于各个地区的差异性及其背后的内在机制也深感兴趣，然而，很多教师在讲授省情时，对于国情讲得比较多，涉及省情的比较少，尤其是对全省社会中的热点、难点、焦点问题，分析不够深入。三是"问题导向"流于表面。党校学员来自各行各业，带着各种各样的问题而来，学员对省情单元的学习期望较高，他们希望通过培训获得经验、做法、路径等方面的指导，以解决他们在实践中"想错了的问题、没想到的问题、想到了想对了却不知该怎么办的问题"。无论是"三带来"材料还是班级研讨，学员们围绕省情单元提出的问题相对比较聚焦，最近比如地方产业转型升级与干部绩效考核之间的平衡，富民短板的苏北农民该如何实现富裕，厘清农村宅基地"三权分置"，妥善处理农民与土地的关系，化工产业安全环保整治、提高城市竞争力，优化营商环境等各种现实问题。在这些问题领域，教师基本没有在党委、政府一线行政工作的切身经历和真实感受，受到政府部门的隐形壁垒的影响，第一手资料的真实性、准确性难以保障，因此课堂上或研讨时给学员提供的解决思路多数情况下很难贴近实际，"空对空"结果既导致了学员的不满意，也影响教师的自信心。

2. 学术功底能力不足，不会"用学术讲政治"

一是对相关理论成果掌握不足。部分教师毕业时间较长，学术研究积累不足，专业知识没有及时更新，没有把学术问题研究清楚，浮于表面，没有深度，对学术一知半解，说不出所以然。还有一些教师专业跨度比较大，知识结构不够完整，对本专业的理论缺乏系统性学习，理论之间缺乏内在的衔接，知识点分散化，因此在教学过程中找不到适合的学科理论，导致不会"用学术讲政治"。二是学理逻辑和学术框架固化。省情单元的专题课相对地来说更新速度较快，通常只有1—3年的周期，每个专题的学理逻辑和学术框架一旦打磨成熟后，极易产生路径依赖。而与此同时，国情与省情所面临的国际环境与国内条件却在不断发生着深刻变化。从外部国际环境来看，"当今世界正处于百年未有之大变局"，全球范围经济格局深度调整；从内部发展条件来看，"三期叠加"效应引发的影响显著，江苏经济社会发展正处在区域版图重构、迈向高质量发展的重要关口。这些深刻变化，均对省情单元授课教师的教学内容更新与学理框架迭代提出了重要的挑战，这就需要教师时刻关注、了解国内外大事，需要从政治的高度关注、追踪区域经济发展的最新动态。在省情已发生重大变化的形势下，教师如果依然固守原有的学理逻辑与学术框架，就不可能在课堂上正确地解读和宣讲好省情政治。

3. 学术接口搭建不准，不擅长"用学术讲政治"

"用学术讲政治"主要是搭建好"一个学术框架、两个接口"。一个框架是指学术分析框架，第一个接口是与现实问题的接口，第二个接口是与对策措施的接口。第一个接口是把纷繁复杂的现实问题通过抽象变成人们比较熟悉的理论问题，这既是对现实问题的高度概括，也是下一步理论分析的重要基础。只有站在理论高度分析现实问题，才能让学员感到逻辑的力量，真理的力量，释疑解惑才能更深入，才能让学员感到更"解渴"。但是搭建学术框架并非易事，省情一个专题涉及的领域往往比较广泛，很难简单套用一个理论框架阐释如此广泛的问题。第二个接口是对学理框架与政策措施的接口，这是当前最容易被忽视的接口，也是最为重要的接口。党校教师提出的对策不仅要与前面的问题相呼应，而且也应与学术框架紧密相连。只有搭建好两个接口，才能形成以学理分析为核心，串联起发现问题、分析问题、解决问题的逻辑框架。目前很多教师已经认识到也在应用第一个接口，但是对第二个接口重视还不够，很容易影响到"用学术讲政治"的整体逻辑性。

三、省情教学单元"用学术讲政治"的教学思路

"用学术讲政治"是由"讲政治""问题导向""用学术讲"这三

个要素紧密联系构成的一种教学新理念、新实践。对于省情教学来说，既是教学观念的变革，也是教学方式的变革。必须把"用学术讲政治"的三要素融会贯通，才能形成从教学思路到教学方式的系统性变革。

（一）提高政治站位

"讲政治"是党校教学的目的和要求，是事关教学的方向性和根本性的大问题，必须旗帜鲜明，不能含糊和偏离。"讲政治"，要求教师要始终站稳政治立场，提高政治站位，明确政治思想，遵守政治纪律，增强政治鉴别力，这是"讲政治"的基础。目前教师们讲政治的意识和愿望普遍比较强，讲课过程能够始终自觉遵守政治纪律和政治规矩，下一步需要进一步提升讲政治的高度。

省情教学专题与江苏实践联系紧密，从"讲政治"的高度讲好专题课，需要既能说好普通话，更会说好江苏话。一是能够完整准确地讲清楚中央和江苏省委的精神和部署，不仅要让学员从国家大局的视角完整准确地理解中央的部署（知其然），更要让学员从政治的高度理解这些部署的内在逻辑（知其所以然），从而提高贯彻落实上级部署的自觉性和精准性。二是能够结合江苏的实际来讲解中央的要求，从理论上分析江苏全省或各地的相对优势，把中央要求与地方发展实际紧密衔接，做好江苏和地方发展政策的解读和阐释。

（二）坚持问题导向

在省情教学专题贯彻"用学术讲政治"，尤其要以问题为导向。党校学员是来自各行各业的领导干部，他们带着问题来学习，结业后回到工作岗位要解决各种实际问题。问题导向不是现实中的具体问题，实际上围绕学员心中的困惑，也就是从学员的视角，围绕学员"想错了的问题、没想到的问题、想到了也想对了但说不清楚的问题"，有针对性地设计教学内容，用学理来阐释学员的心中困惑，使学员真知真信真做。

不同学员对同一专题的困惑有着较大的差异，问题导向必须建立在对学员了解的基础上加以甄别。省管干部班对理论基础更加关注，来自基层的学员对具体举措和其他地区的经验方法有着更多的需求，授课中需要及时调整适应，问题导向做到因班而异。

相同班次的学员对同一个专题的困惑还会随着时间的变化而发生变化。比如，国家刚刚提出的一个战略，学员最初的困惑主要是其内涵和提出的背景，然后是关注本地的机遇是什么，国内外其他地区是否有经验教训可以借鉴，本地在发展中有哪些成功模式，是否可以复制到其他地区。所以同一个类型班次里的问题导向不能一成不变，也要与时俱进，紧跟变化，做到问题导向因时而变。

（三）筑牢学理支撑

"用学术讲"，就是用学术框架和学理逻辑讲。如果说学术框架是一堂课的"纲"，那么学理逻辑就是"线"。学术框架及学理逻辑有机结合，才能形成专题课的"灵魂"，有"魂"的课才有神韵和魅力，才能让学员入脑入心。

省情教学专题主要涉及国家战略和江苏省委、省政府的中心工作，搭建省情课的学理框架，可以用马克思主义政治经济学中的"生产力决定生产关系""经济基础决定上层建筑""马克思主义的群众观""以人民为中心的发展思想""社会主要矛盾的变化规律"等原理，也可以借鉴发展经济学、产业经济学、福利经济学、社会学和行政管理学等学科的相关理论。"用学术讲"的关键是要搭建好学术接口，一是搭建现实与学术的接口，把纷繁复杂的现实问题转换到相对简洁的学术框架中，通过学理逻辑的分析，解释现实问题，消除学员心中的困惑；二是搭好学术框架与对策措施的接口，在学术框架下，用理论指导实践，让学员进一步掌握解决问题的方法。

通过两个"接口"的对接，学术框架才能在一堂课中，一以贯之，彻底打通，学术框架才能真正发挥"纲举目张"的作用。

（四）提升授课艺术

精湛的教学艺术，可以更加高效地完成知识的传授、能力的培养。党校专题课的教学艺术必须以尊重干部教育的规律为前提。

省情单元教学专题内容紧密结合江苏的实践，省内外的案例比较丰富。一是把讲理论与讲案例有机结合起来，讲省内和省外结合起来。二是通过讲课的节奏和互动来调节课堂气氛。互动既是讲课艺术，也是教师交流学习的好机会，要紧扣讲题，不能信马由缰。

四、省情教学单元"用学术讲政治"的能力培养

省情教学要做到"用学术讲政治"，需要理论与实践有机结合，总结经验与探索展望相统一，对任课教师的素质和能力提出了更高的要求。要成为合格的省情单元授课教师，就需要不断培育和提升政治能力、学术能力、实践能力、授课能力。这些能力的提升，既需要教师自身加强学习和锻炼，同时也需要学校出台相应的政策加以促进与

推动。

（一）培养过硬的政治能力

"讲政治"，首先必须坚定政治立场。作为一名党校教师，必须始终坚持党校姓党、严守政治纪律和政治规矩；牢固树立"四个意识"、坚定"四个自信"、做到"两个维护"，全面贯彻执行党的理论和路线方针政策，积极贯彻落实党中央重大决策部署，在政治立场、政治方向、政治原则、政治道路上同党中央保持高度一致。

提高政治能力，必须认真学习马列主义、毛泽东思想、邓小平理论、"三个代表"重要思想、科学发展观和习近平新时代中国特色社会主义思想，牢牢把握马克思主义的立场、观点、方法，始终坚守对马克思主义的信仰，对中国特色社会主义和共产主义的信念，对党和人民的绝对忠诚；始终保持清醒的政治头脑，保持敏锐的政治观察力和鉴别力，能够自觉站在党和国家大局上想问题、看问题，维护党的形象，传递党的声音，宣传党的政策。不仅要讲清中央精神是什么，还要回答为什么，讲清中央精神所蕴含的理论逻辑、现实逻辑。不仅要帮助学员从学理上弄清楚问题的本质，还要运用理论分析的方法，用理论的力量、思想的力量，严谨的逻辑推理，鲜活的宣讲，帮助学员解疑释惑。

教师要从理论维度、历史维度、现实维度等方面放大自身优势，既要"精"，更要"深"。所谓"精"，要求掌握专题涉及的理论知识的基本结构、主要观点，在知识质量上为人师；所谓"深"，在运用学术语言解读省情政治时不仅能深入浅出，还要掌握省情的发展动向和相关领域理论研究的最新成果。

（二）培养扎实的学术能力

培养扎实的学术能力，也就是要筑牢理论的功底。理论功底是"用学术讲政治"的根基所在，没有深厚的理论功底，就不可能把理论讲深、讲透、讲明白，更无法提升到"用学术讲政治"的高度。作为党校教师，必须筑牢马克思主义的理论功底、学科专业功底和科学研究的功底。

提升学术能力，首先，要筑牢马克思主义的理论功底。要加强对马克思主义经典著作、经典理论的学习与研究。特别是对马克思主义理论中具有代表性的著作，要下苦功夫研读，真正认识和了解其精神实质。更要学习发展着的马克思主义著作，尤其是加强习近平总书记重要讲话精神和中国特色社会主义理论的学习和研究。其次，要筑牢学科理论功底。省情内容涉及经济学、社会学、管理学、财政学等多个学科，不同的学科，有不同的理论。对这些基础理论，要全面掌握，形成完备的理论知识体系。同时还要关注学术前沿，始终保持知识的储备和更新，及时把握学科专业最新研究动态和成果，这样才能在教学中做到游刃有余，赢得主动。再次，要有科研的支撑，选择明确的学科方向，长期关注和坚持研究相对固定的专业领域。长时间的学术积累和持续性的研究，不仅能够提高专题课学术框架的设计能力，掌握研究领域的现状，还能拓宽学术视野，提升综合分析能力。唯有通过专业的修养和理论的修炼，才能给学员提供另外的视角，使学员在思考中受到教育，才能更好地在课堂上展现"用学术讲政治"的风采。

因此，只有基于深厚科研基础转化的省情讲题，根基才扎实，内容才丰富，理论才厚重，结论才更有说服力。

（三）培养高超的调研能力

省情单元的教学不仅要紧密联系现实，解释实际中不断出现的新情况、新问题，还要帮助学员提升如何运用理论去认识问题、分析问题、解决问题的能力。不仅要准确阐释中央和江苏省的政策，还要探讨政策贯彻落实中可能遇到的问题。不仅要讲清讲明顶层设计，还要对基层的探索经验进行归纳和概括。这些都要求教师具有深厚的实践总结能力，能够对党的文件中新政策准确解读，对专家学者新观点全面把握，对干部群众关注的新热点及时关注，对实践中遇到的新问题有所思考，对地方实践中创造的新经验基本了解。

1. 要提升实践总结能力，首先必须注重调查研究

尽量多地深入基层调研，直接与农民、工人、居民，或者基层干部座谈，占有第一手的资料。同时，尽量多接触有实践经验的同志，比如课下与主体班学员的交流，参与主体班的小组研讨，与在职研究生沟通，阅读学员的"三带来"和"三留下"材料，都是了解基层丰富实践的途径。学校组织的挂职调研和教研部组织的实地考察，更是了解基层情况的有效方式。学校和教研部也要适时组织各类学术讲座，让省情单元的教师及时掌握最新、最全、最权威的省情动态。

2. 要注意实践素材的积累

坚持阅读《人民日报》《光明日报》《经济日报》《新华日报》《群众》等报纸杂志及网站上与经济相关的政策文件、领导讲话、理论文章、基本数据、基层实践的报道等，分门别类收集起来，形成自己的资料库。

3. 要认真学习历史文献

仅仅了解国情省情现状是远远不够的。只有全面了解历史，才能

弄清楚政策的来龙去脉，才能把握事情的发展规律，才能更好地讲清省情，讲清国家政策与江苏省政策的联系与衔接。在此基础上的授课，才能坚持问题导向，才会更接地气，更有历史的厚重感，更好地适应学员的需求。

（四）培养娴熟的授课能力

教无定法，贵在得法。一堂好课，内容固然十分重要，但合适的授课方法，教师有效的表达方式也会为课堂增光添彩。如果教师能够讲道理的时候，有事实的支撑；讲案例的时候，有理论的贯穿，能够充分运用研讨式、案例式、体验式、情景模拟式等多种方式，用饱满的感情、鲜活的案例、生动的语言去讲解，把抽象道理讲得生动有趣，一定能增强教学的吸引力和感染力。

要提升授课能力，一是要有认真学习的态度。对备课认真，对科研认真，对讲课认真。要深入了解学员需求，把握党校教学规律，探索党校教学方法。坚决避免对教学的轻视敷衍，克服教学中缺乏审慎的思考与设计，没有学理框架，罗列观点，生硬套用书本语言，下载网络心灵鸡汤、个人零碎片面感悟来讲课等不良倾向。二是要多学多听多看。多向名师学习，多请名师指点，多听名师讲课。既要利用一切机会现场听课，也要利用网络资源收看精品课录像。还可以收看"世纪大讲堂"等节目，从一个听众的视角体会提升课堂吸引力的方式和方法。三是要多讲多练，勤归纳，善总结，在实践中体验感悟，积累经验。归纳总结既是课堂教学的最后环节，也是每节课后教师的自我反思。每一次的课堂归纳总结，可将课程内容从头到尾组成一个完整的教学过程。一方面，归结全篇，深化主题；另一方面，设悬念，留问题，引导学员课后继续对课堂知识进行深入探究，有利于学习的延续性和拓展性，激发学员再度学习的欲望和兴趣。主体班教学评价平台是获取学员对一堂课最真实的反馈意见和教学建议的最佳渠道。根据这些反馈信息，教师可以了解学员最感兴趣的内容是什么，最急需搞懂的问题是什么，最不满意的地方又是什么，从而适时调整教学内容和思路，从而更好地满足学员的需求。只有根据个人特点，博采众长，千锤百炼，才能提升授课艺术和授课能力，不断打磨形成自己鲜明的授课风格。

课题负责人：李宗尧，中共江苏省委党校（江苏行政学院）经济学教研部主任、教授。

经典著作导读教学单元贯彻"用学术讲政治"研究

经典导读教学单元与其他单元相比，有着独具特色的教学规律，如何按照"用学术讲政治"的要求提高课堂教学水平，是一个值得深入研究和迫切需要解决的课题。本课题以问题为导向，探索党校经典导读教学单元所独具的学术框架和教学逻辑，聚焦提升中共江苏省委党校（江苏行政学院）经典原著导读课教师"用学术讲政治"的能力和水平。

一、经典著作导读教学的现状和问题

经典导读教学是党校课程体系中的基础性课程。按照党校教学的要求，原理原著应该占到总课时的 70% 以上，经典导读课无疑是原理原著教学的重中之重，理应全面落实好"用学术讲政治"的根本要求。目前，我校（院）开设有《共产党宣言》《费尔巴哈论》《社会主义从空想到科学的发展》《资本论》、列宁晚年八篇著作、《实践论》《矛盾论》《新民主主义论》7门经典原著的导读课程，涵盖马克思、恩格斯、列宁、毛泽东四位马列经典作家，参与授课教师 10 多人。

经典导读单元的课程体系设置涉及的经典范围较为广泛，教师队伍整体素质较高，学员对教学内容的满意度比较高。但是，如果按照"用学术讲政治"的标准来衡量，经典导读单元存在着一些需要探索的问题：一是由于教师个人理论专长和兴趣偏好的差异，对经典原著的解读方式各具特色，"用学术讲政治"的体现偏差不小。二是有的"讲原著了，没讲学术"。存在按照原文机械性解读，按照现实生搬硬套的现象。三是"讲学术了，没讲好原著"。存在对经典原著断章取义，望文生义，按个人理论专长或兴趣偏好来取舍重点进行选择性解读的现象。四是"讲原著了，没讲好当代价值"。或者对原著的背景意义和主要内容大讲特讲，而当代价值点到为止，言之不详；或者大讲现实问题，而原著文本的价值只为现实做注解。五是问题导向把握不好。有的没有关注问题导向，有的关注问题导向了，但对问题本质的揭示和对问题背后原因的分析不深不透，不能紧密联系学员的思想实际和工作实际，有针对性地给出具有说服力的解答。六是聚焦不准，不同的经典著作导读存在内容交叉重复的现象。有的偏离所讲主题内容太多，"种了别人的地，荒了自家的田"。这些都有悖于"用学术讲政治"的教学要求。

之所以存在这些问题，主要原因在于对"用学术讲政治"的理解不深，规律不明，能力不足，方法欠缺。

二、经典著作导读教学"用学术讲政治"的独特性

就马克思主义经典导读板块的教学而言，要贯彻"用学术讲政治"，首先需要深刻把握经典著作本身独特性和"用学术讲政治"的独特性。经典著作导读，是要让学员了解本质和真相，掌握马克思主义的立场、观点和方法，获得解释世界和改造世界的能力。之所以有这样的魅力，关键在于经典著作本身具有政治性、学理性和时代性三个特性，是经典本身的价

值（即政治性、学理性和时代性）在激励教员。只有将经典研究透彻并借助于科学的教学方法，才能很好地达到"用学术讲政治"的教学要求。

（一）经典著作具有政治性

政治性是马克思主义经典的本质属性。政治性并不是一个泛化而空洞的字眼，它融鲜明的阶级性、深切的人民性、生动的实践性于一体。鲜明的阶级性指的是立场坚定。具有马克思主义的坚定立场是马克思主义经典作家所必备的政治品格，这一坚定立场就是无产阶级立场，它以人民的取向为价值取向。马克思主义经典的阶级性必然和深刻的人民性紧密联系在一起。深刻的人民性指的是忠于人民的意愿，依靠人民的力量，实现人民的诉求，这是马克思唯物史观和辩证唯物主义对人类历史发展规律的揭示。人民是推动社会发展的力量，人民在生动的实践中认识世界并改造世界，从而实现无产阶级和人类解放这一历史使命，实现马克思、恩格斯所说的未来社会的愿景，即"每个人的自由发展是一切人自由发展的条件"这样一种社会状态。

（二）经典著作具有学理性

马克思主义经典是透彻说理的学术典范，有着深厚的学理性。学理即学术之理，是对事物本质的规律性认识。"学理性包括对事物本质和规律的揭示，对事物的演进逻辑的表述，以及认识事物的科学方法等。"[①] 经典学理性的不竭源泉来自马克思主义唯物史观和唯物辩证法。

---

① 金国峰：《思想政治理论课政治性和学理性相统一的实现路径》，《学校党建与思想教育》2019年第5期。

简言之，经典说理，说的是马克思主义唯物史观和辩证法的理，体现的是马克思主义唯物史观和辩证法的统一。

譬如马克思、恩格斯的《共产党宣言》就具有鲜明的学理性。马克思、恩格斯在阐述资产阶级的灭亡和无产阶级的胜利"同样不可避免"这一观点时，立足于马克思主义唯物史观，剖析了资产阶级和资本主义社会的发展特点及趋势，展示了无产阶级和社会主义运动的发展特点及使命，以清晰的逻辑结构、对比的研究方法，将"同样不可避免"的道理牢牢地植根于人类历史的发展规律中，从而实现了以理服人，展现了真理的感召力。经典的学理逻辑源于经典作家掌握了认识世界、改造世界的客观规律。探析经典学理逻辑的过程，也是接受经典作家的马克思主义理论品质熏陶的过程。此外，经典著作缜密的学理性也决定了"经典导读课所用的学术框架须是经典著作内具的"。[①] 用经典本身的逻辑来原汁原味地解读经典，这既有助于讲出经典的学理性，也有助于教员搭建出清晰的逻辑框架。

（三）经典著作具有时代性

马克思主义经典随着时间流逝而愈发熠熠闪光，其根本在于经典所蕴含的基本原理具有深远的时代性。马克思、恩格斯在《共产党宣言》发表后，就如何运用《共产党宣言》中的基本原理有过缜密的解析。马克思、恩格斯认为，随着时代的发展变化，其中提及的一些具体措施可能会过时，但其中蕴含的一般原理整体来说直到现在还是正确的。马克思、恩格斯所说的一般原理，简言之，就是生产力与生产

---

① 贾建芳：《用学术讲经典著作》，《教学参考》2019 年第 2 期。

关系运动所揭示的唯物史观和辩证法。这为我们如何把握经典的时代性提供了方法论。经典的时代性不在于生搬硬套经典中的具体论断，而在于把握经典在分析问题、解决问题中所体现的马克思主义的立场、观点和方法。

譬如列宁的《论粮食税》充分彰显了经典著作的时代性。《论粮食税》阐述了在苏俄这样一个小农人口占多数的经济、文化相对落后的国家，应该如何实施农业改革的问题。众所周知，用粮食税代替余粮收集制的做法，开启了苏俄创造性运用马克思主义原理来建设社会主义的道路。《论粮食税》的时代性，显然不再是照搬这样一种做法，而是凝聚其中的重视人民群众历史主体地位的立场、观点和方法。挖掘《论粮食税》的时代性，在于启示我们在新时代中国特色社会主义建设实践中，树立以人民为中心的理念，尊崇人民的主体地位，从而在做重大决策时，要实现好、维护好、发展好最广大人民的根本利益。

综上所述，把握好经典导读"用学术讲政治"的独特性，在于深刻理解经典所内具的政治性、学理性、时代性。这既要求教员能够尊崇经典、读懂经典；又要求教员能够将蕴含在经典之中的核心、要义抽取出来，予以提炼，为分析问题和解答问题提供正确的政治立场、扎实的学理支撑、科学的研究方法。

三、经典著作导读教学"用学术讲政治"的思路

经典著作，都是具有学术框架和学理逻辑并很好地回答时代之问的学术著作。经典著作本身具有的政治性、学理性和时代性特质，对经典导读课贯彻"用学术讲政治"提出更高的要求。因此，要在问题

导向上注重层次性，在学理支撑上把握兼顾性，在授课艺术上追求创新性，把经典著作的时代性与当代价值有机结合，把经典著作的学术框架与马克思主义及具体学科的学理逻辑合理融合展开，把学员对经典著作的认知误区有效说服破除，使学员明了经典著作的原意和境界，领略经典著作跨越时空而不朽的光芒，为经典著作本身的思想高度、视域广度、理论深度、逻辑力度所折服，进而增长知识，开阔眼界，增加思想深度和训练思维方式，也在潜移默化中受到经典作家崇高风范和人格力量的熏陶，实现自己思想境界和道德情操的升华。

（一）经典著作导读教学"用学术讲政治"的问题导向

经典著作本身就是以问题为导向的典范。马克思、恩格斯著作要解答的根本问题是他们那个时代怎样实现无产阶级和全人类解放和人的自由全面发展。列宁著作回答了人类解放在19世纪末20世纪初遇到的新课题，即无产阶级和被压迫民族怎样实现解放和发展。毛泽东著作要回答中国革命和社会主义建设的问题。但每一部经典著作本身所回答的具体问题又各不相同。因而解读经典著作的问题导向要注重层次性。

第一层次，准确解读时代性。也就是要以"准确阐释经典著作的作者所处时代环境和力图解决的问题"为导向。导读经典作家的著作，既要讲清楚单部著作要解决的具体问题，又要讲明单部著作的观点与经典作家全部思想之间的相互关系。经典著作是时代的产物，要破解时代的难题。如果不从时代背景去认识和理解经典著作所要解决的问题，就不能准确地理解经典著作的思想。譬如，只有准确解读了《共产党宣言》的写作背景与写作目的，才能把握科学社会主义的基本原理；只有准确解读了《资本论》的时代特征与问题导向，才能把握马克思主义政治经济学的基本原理；只有准确解读了《费尔巴哈论》论战环境与理论难题，才能把握马克思主义哲学的基本原理。但仅仅这样还不够，还要阐明各部著作在马克思主义理论中的相互关系，唯有如此，才能准确全面地把握马克思主义的基本原理。

第二层次，客观阐明当代性。这个问题也往往是学员普遍想了解的问题。也就是说，要讲清楚"为什么在不同时期都要读这个著作、今天读这个经典著作有什么用、应当把握什么内容"等。经典著作撰写时间各不相同，马克思、恩格斯的早期著作已经发表150多年了，毛泽东同志的著作，也问世几十年的时间了。如果不能把这些著作的当代价值讲清楚，就无法解释为什么今天还要开设这样的导读课。因而，阐明当代性至关重要，既要讲明具体观点、原理、理论的当代指导意义，更要讲明整部著作的当代价值。

在解读时代性和阐明当代性时，要重点讲解困惑点。即重点讲解学员对经典著作中应该知道但不知道、对其中的重要内容或原理应该想对但却想错了、虽然想到了也想对了但是表达不清楚等问题。现在的党校学员都有比较扎实的理论功底，虽然大多学员未必系统学习过所开设的经典著作，但对这些经典著作的基本原理大多有所了解，不少学员尤其是理论水平高的学员也会结合当代的实践对这些经典有所思考。譬如，对于《资本论》《共产党宣言》等著作，学员思想深处就有一些疑惑，如国际共产主义运动出现了新情况，共产主义能不能实现，如何实现等。马克思在《资本论》中曾有预言："资本主义私有制的丧钟就要响了，剥夺者就要被剥夺了"，而在其后一百多年的时间里资本主义世界虽然经过两次世界大战、多次经济危机和金融危机，其"丧钟"却并没有敲响，为什么？而且今天发达资本主义国家依然有生机和活力，如何看待？如何看待剥削问题？如何看待民营企业家和资本家的区别？如何理解马克思的经济理论？在具体政策实践中对西方经济理论如何运用？对于列宁的著作，学员的疑惑如十月革命有没有搞错、是不是搞早了？落后国家走上社会主义道路要不要补资本主义的课？苏联模式与列宁的思路有何异同？苏联改向是不是历史的必然？对于这些问题，必须解疑释惑，从理论上加以阐释。对于学员思想困惑的把握，可以从"三带来"材料中来了解，不仅要查看本期学员的材料，也要查看过去的材料，从中找出共同的问题。还要通过与学员的课堂互动、班级研讨和日常接触等途径来了解。

经典导读单元如果能以此为导向，据此设计教学内容，"用学术讲政治"就有了前提保证。

（二）经典著作导读教学"用学术讲政治"的学理支撑

经典著作是"用学术讲政治"的典范。每一部经典著作都有内在的学术框架和学理支撑，这是经典著作思想和价值的承载，也是经典著作生命灵魂的重要内容。因而导读经典著作，必须讲清楚原著自身的学理逻辑，这是最基本的要求。

如导读《资本论》，就必须以马克思主义的学术框架和学理逻辑为主体。《资本论》通篇都用经济学逻辑作分析，以分析资本主义生产、交换、分配、消费等经济运行规律为内容，以商品为逻辑起点，以"两个必然"为政治目的，构建了完整的学术框架。马克思从商品的二因素开始，分析劳动的二重性，指出具体劳动创造使用价值，抽象劳动创造价值；再分析商品交换、货币职能，得出价值规律，创立了劳动价值论。在此基础上，把资本分为不变资本和可变资本，指出不变资本只转移价值，可变资本创造价值。进一步区分了劳动与劳动力，指出劳动创造的价值要大于劳动力价格，其差额就是剩余价值。至此，讲清楚了剩余价值的来源。然后研究了剩余价值生产的两种方式，创立了剩余价值生产理论。在此基础上，指出剩余价值的资本化是资本积累，揭示出资本积累的历史趋势是两极分化——资本家的财富积累与劳动者的贫困积累，并指出这种趋势最终必将导致剥夺者被剥夺。由此通过对资本主义生产过程的分析，得出"两个必然"的科学结论。在第二卷，马克思通过对资本的流通过程的分析，阐明了资本循环周转和社会总资本再生产。第三卷分析剩余价值的转化及在"三家一主"之间的分配，从而完成了对资本主义整个经济运行规律的剖析，揭示出资本主义的历史必然性。

在导读过程中，只有运用它自身的学理逻辑，才能讲清楚《资本论》的学术观点。这种用原著内在的学术框架讲经典著作的方法，是解读经典著作的第一种方法也是最基本的方法。第二种方法是运用本学科发展的最新理论来搭建学术框架。因为随着社会的发展，不同的学科也有自己的学术规范。不把当代学科发展的最新成果体现出来，也不符合马克思主义的实践观。但在理论选择上，尽可能运用中国特色社会主义理论体系的最新成果，而不能是用想当然、似是而非的学理，更不能是西方一些观点的比附和套用。第三种方法是以马克思主义的学理为主体，以具体学科的学理为补充，以西方相关学科的学理为借鉴，构建经典著作导读的"学理支撑"。

（三）经典著作导读教学"用学术讲政治"的授课方法

"用学术讲政治"目的是"讲政治"，"用学术讲"是根本方法。

而"讲"是把"学术"与"政治"贯穿起来的关键。作为一堂课，一定要解决好"对谁讲""讲什么""怎么讲""怎么讲好"的问题。在党校，讲课对象是明确的，尽管有不同班次，学员也有所不同，但总体上"对谁讲"是明确的，是对领导干部讲。因而"讲什么""怎么讲""怎么讲好"就更为关键。

1. "讲什么"

在授课内容上，一定要把握重点。课堂的时间是有限的，而经典原著大多内容浩瀚。且不说《资本论》4卷6册300多万字，即使近1.5万字的《共产党宣言》内容也十分丰富，在短短的2个小时内，不可能把原著的写作背景、所有内容、现实意义全面介绍，必须有所取舍。一是做到聚焦。马克思、恩格斯、列宁、毛泽东的著作很多，相互之间大多具有关联性。因而在讲课中，必须牢牢聚焦所讲的经典著作，涉及其他著作的尽量不讲，实在必须讲的，也应该点到为止。如《资本论》和《共产党宣言》之间，都涉及"两个必然"，讲授上就应该注意不能重复。《资本论》得出"两个必然"只从经济角度讲，不能过多涉及科学社会主义理论。相应的，《共产党宣言》的讲授，不能过多讲解经济问题。不同专题间，最好相互补充，而不是相互重复。二是把握重点。做到经典著作写作背景一定要讲，核心观点一定要讲，学员有疑惑的问题一定要讲，当代价值一定要讲，学员不了解的内容一定要讲，细枝末节的、已经过时、学员已经掌握的内容和观点不讲。三是讲明逻辑和方法。一定要把经典著作的内在逻辑讲清楚。经典作家的科学结论都有严密的论证，把背后的逻辑讲明了，学员就会豁然开朗。若只局限于观点，学员不知其所以然，这样的导读收不到良好效果。还要讲清经典作家的研究方法。马克思主义经典作家在论证其理论时的方法是系统而严谨的，方法论是马克思主义的基本立场和观点，也是在经典原著课教学过程中需要特别强调的部分。

2."怎么讲"

在授课上，一定要勇于创新。不同的课堂具有不同的授课方法，给领导干部"用学术讲政治"，一定要追求方法的创新，变传统的"讲"为"用学术讲"。"用学术讲"的关键是把讲题的政治目标、学员困惑转换到学术问题上，进而搭建相应的学术框架。由于经典原著自身有学术框架，原著导读课学理支撑的难点在于，如何使原有学术框架与现在的学科学理实现自洽。这就需要在教学设计上突破传统。过去讲课，主要精力放在如何把原著内容讲清楚，如何使课堂更有趣味性、更为活跃。现在需要把重心和精力转移到"学术框架"的构建上。对于原著导读，做到"用学术讲"，首先要对原著所讲之"政治"与当代之"政治"进行学术上的融贯，然后构建能够把原著原有学术框架与现有学科学理实现自洽的学术框架。在讲课时，以问题为导向，按照学术框架讲出"政治"的学理逻辑，得出"政治"结论。

3."怎么讲好"

要掌握一些讲课技巧。一是善于运用历史分析、现实分析和比较分析方法，把对马克思主义经典著作的研读与当今世界、中国现实结合起来。这样既能避免学员教条式地看待马克思主义的经典著作，又能避免学员遇到现实与理论不符的情况时对马克思主义理论产生动摇。从现实的角度区分哪些方法论、观点具有穿透时空的指导性，至今仍有重大的现实指导意义；哪些观点在当时的时代背景下是正确的，但随着时间的推移和条件的变化，这些观点需要根据时代变化进一步完善。通过这样的方法，启发学员把研读马克思主义经典著作与现实思考结合起来。二是善于使用体验式教学，调动学员"亲力亲为"参与经典著作教学过程的积极性。绝大多数学员在平时的工作学习中涉及马克思主义经典著作的机会比较少，而马克思主义的经典著作相对来说比较艰深，阅读起来也会感觉深奥难懂。但是，马克思主义经典著作课程又非常强调学员对经典著作的亲自阅读，只有让学员在阅读原著的过程中领略经典的魅力，体验经典著作的"原汁原味"，才能培养学员研读艰深理论著作并从原著中获得启发的能力。否则，在课堂上学员只是盲目地听、盲目地记，无法真正地融入课堂，无法真正地理解马克思主义经典著作的本真含义。因此，教师要结合学员的实际情况，在学员的自主阅读中设计探讨环节，让学员相互交流自己的阅读心得、情感体会及从中受到的启发。同时，教师要对学员进行及时的纠正、点拨，让学员对马克思主义经典著作有正确的认识，帮助学员克服学习上的障碍，主动、积极地参与研读，得到属于自己的阅读体验。三是尽量营造轻松和谐的教学氛围，运用多媒体手段增强教学效果。马克思主义经典著作的教学是严谨充实的，但切忌刻板、教条、学究式的解读，以避免让学员在上课时感到气氛压抑、沉闷，甚至产生反感与抵触情绪。在教学形式和内容上应该与时俱进，结合当前时代形势，让学员在轻松、有趣、和谐的教学氛围下对新时代的经济社会格局有所思考。教师需要通过多种形式让学生积极主动地参与学习，包括利用启发、互动、研讨等教学形式，让学员在探究、讨论环节达成思想共识，或者让学员讨论当下的热点问题。如对"无人工厂的剩余价值是由谁创造的""无形资本的兴起对劳动价值论的挑战""社会主义市场经济条件下是否存在剥削"等学员普遍关心的问题展开讨论，让每位学员都积极参与到思考、学习中，在和谐的课堂氛围中充分开启思维模式，增强学员的学习积极性和政治思想意识。在信息网络化时代，马克思主义经典著作的教学也要注重多媒体辅助教学的作用。一堂经典著作专题课的讲授，需要提供大量的信息（包括写作背景、作者生平、结构脉络、核心理论、经典段落、当代价值等），多媒体通过文、图、声、像等信息媒体来展现教学内容，为解决经典著作课信息量大而授课时间有限之间的矛盾提供了可能。在课堂上，教师可以将所讲的内容运用图表、图像、音像等多媒体手段呈现给学员，将抽象的概念具体化，深奥的理论通俗化，复杂的问题简单化，枯燥的知识趣味化，使学员易记、易懂、易接受。让学员在学术框架的完备性、学理逻辑的严密性，以及轻松的课堂氛围中，领略经典的魅力，增强对原著当代价值的认知。

四、经典著作导读教学"用学术讲政治"的能力培养

经典原著导读课要做到"用学术讲政治"，需要任课教师从政治素养、学术能力、授课艺术等方面修炼内功，不断提高"用学术讲政治"的能力和水平。

（一）不断提高政治素养

"用学术讲政治"中的"讲政治"，就是完整准确地讲清楚党的思想理论、党的主张、党的要求。马克思主义经典著作单元的教学，就是要讲清楚该课程所承载的党的理论、路线、方针、政策、措施。而要让学员完整准确地听懂，教师就必须首先理解党的理论、路线、方针、政策、措施出台的政治背景、基本内容与时代状况。

1. 始终秉持"党校姓党"的政治理念

"党校姓党"是党校的根本特点与基本要求，更是党校的特色优势。作为一名党校教师，必须始终坚持党校姓党，严守政治纪律和政治规矩，热爱党校教育事业，做马克思主义理论的忠诚布道者和虔诚实践者。无论在党校内还是党校外，时刻牢记党校教师身份，始终坚持在党爱党、在党言党、在党忧党、在党为党；始终坚持在思想上、政治上、行动上与党中央保持高度一致；始终坚决维护党的形象，传递党的声音，坚持正确的政治方向。

2. 在加强党性修养中不断提升政治素养

正如习近平总书记所说："严以修身，就是要加强党性修养，坚定理想信念，提升道德境界，追求高尚情操，自觉远离低级趣味，自觉抵制歪风邪气。"作为党校的教师，只有不断提高自身党性修养，严以修身，坚定政治信念与立场，保持一定的政治敏锐性，才能真正担得起党校教师的光荣职责。"学术探索无禁区、党校讲课有纪律"，既不能把探索性的学术问题等同于严肃的政治问题，也不能把严肃的政治问题等同于探索性的学术问题。要用经典著作的真理力量触动学员，引导学员对马克思主义及其中国化成果做到真学、真懂、真信、真用。

（二）筑牢扎实的学术功底

俗话说"巧妇难为无米之炊"，厚重的学术知识积淀，扎实的专业理论功底，广博的跨学科知识是党校教师讲好马克思主义经典原著课的前提和基础。要以学术立身，必须有学术研究功底，同时能将学术研究转化为教学能力，当好理论翻译，使复杂的理论简明化，深奥的理论通俗化，让学员记得住、忘不掉、用得上。

1. 研读经典原著，打牢马克思主义理论功底，构建自己的知识结构和理论框架

尽管在解读原著时，教师之间会有分工，从马克思主义哲学、政治经济学、科学社会主义等学科方向上选取原著，专门解读，但都要求教师具有深厚的马克思主义功底。因而，任课教师既要把本学科的基础打牢，也要全面学习马克思主义经典文献，做到融会贯通。此外，还要广泛涉猎其他知识，掌握理论，了解历史，知道现实。有教师总结经验认为，党校教师讲课要把握好三个维度，即理论维度、历史维度、现实维度。不结合历史与现实讲理论，理论没有针对性，那是无的放矢；而离开理论与历史讲现实，又难免就事论事，缺乏深度。可见，构筑深厚的理论功底是党校教师必须具备的本领。毛泽东同志看《共产党宣言》曾不下百遍，作为党校教师，只有老老实实地学习这种"看书不下百遍"的精神，狠下功夫，才能以扎实的学术功底、敏锐的政治洞察力和深刻的分析能力来游刃有余地"用学术讲政治"。

2. 克服实用主义、急功近利的倾向，把学习当成政治责任和终身使命

"绳短不能汲深井，浅水难以负大舟"，学术研究的高度就是讲台的高度，学术研究的深度就是教学的深度。只有专业知识掌握牢固，形成教学的学术框架与学理逻辑，课堂教学才更有底气和自信。当思想解放与思想混乱并存，理论繁荣与理论泡沫同在时，党校教师对理论问题的研究要深、要透、要准。为此，要有十年磨一剑的学术定力，沉下心来做学问，少点急功近利，多些厚积薄发。建立稳定的研究方向与研究领域，深入思考和研究理论问题，形成学术研究成果。"自孔子圣人，其学必始于观书"。读书是我们学习、研究的主要途径，大量的阅读使我们增长了才干，积累了知识。当然，在这个知识信息爆炸时代，不能仅仅满足于从书本上获取知识，现代媒体、远程教学、集中培训、参观调研等也是党校教师丰富信息、把握资讯、积累知识的重要渠道。

3. 关注学术前沿，拓宽学习范围，形成完备的理论知识体系

当今时代，知识的更新周期大大缩短，各种新知识、新事物层出不穷，如果不加快知识更新、优化知识结构、拓宽眼界和视野，我们就没有办法在教学中赢得主动、赢得优势。党校教师面对的教学对象是工作在各条战线上的党员领导干部，他们的学历层次越来越高，有的本身就是相关领域的专家，他们既是学员也是考官。面对这样一个特殊的群体，党校教师应始终保持知识的储备和更新，既要研读马克思主义学术经典，也要了解学术前沿和时代热点。时刻关注国内外热点问题、时事政治，及时把握专业最新研究动态和成果，拓展教学广度，挖掘教学深度。唯有如此，才能在讲课时做到"思接千载，视通万里"，达到毛泽东所言的"遇到屠夫谈猪，遇到秀才谈书"的境界。

（三）努力提升教学艺术

教学是一门科学，也是一门艺术。与其他板块的专题教学相比，马克思主义经典著作主要传授给学员的是思想观念与价值理念。在该板块的教学中，经常会出现两难现象：一方面，马克思主义经典著作是各级党员领导干部必须学习掌握的理论知识和看家本领；另一方面，学员处于21世纪信息化的科技大潮中，工作环境和生活年代已经远离马克思主义经典著作诞生的时代，难免会质疑经典著作中阐述的原理、理论是否具有当代价值与现实意义。面对这样的情形，就需要学会运用恰当的教学方法，引导学员以发展的思维和科学的态度学习、解读、运用马克思主义经典著作。

教学艺术的提升，需要教师自己在实践中"悟"。要多研究"用学术讲政治"的规律，尽可能地多讲、多练。可以在真实课堂上锻炼，也可以自己在家锻炼。教学艺术的提升，也需要教师在观摩中"学"。要多向有经验的教师学习，多观摩其他教师的讲课。也需要学校在机会上提供、资金上支持，多安排到中央党校、兄弟党校学习，多安排参加一些相关的教学培训，多安排参加一些经典著作、马克思主义原理教学科研方面的学术交流。通过多渠道培养，全面提升教师经典原著教学的艺术。

课题负责人：孙耀武，中共江苏省委党校（江苏行政学院）经济学教研部副主任、教授。

党性教育单元贯彻"用学术讲政治"研究

党性教育是干部教育培训的重要内容。《中国共产党党校(行政学院)条例》明确各级党校(行政学院)、干部学院的主体班次都要设置党性教育课程,1个月以上的班次要安排学员进行党性分析,确保党性教育课程不低于总课时的20%。

《2018—2022年全国干部教育培训规划》(以下简称《规划》)明确将"党性教育更加扎实,广大干部理想信念、党性观念、宗旨意识进一步强化,思想觉悟、政德修养、品行作风进一步提高,信仰之基、从政之基、廉政之基进一步牢固"列为干部教育培训的主要目标之一。

党性教育是共产党人修身养性的必修课,是共产党人的"心学"。作为党员干部立身、立业、立言、立德的基石,党性必须在严肃的党内生活中不断锤炼。

党校教育必须顺应干部成长规律,把强化党性淬炼放在突出位置,贯穿教育培训全过程。新时代如何提升党性教育质量是党校教学面临的一个现实课题,"用学术讲政治"是提升党性教育质量的重要原则和路径。

一、把握党性教育特点、遵循党性教育规律，体现"用学术讲政治"的原则要求

党性教育是理论学习与实践锻炼相统一的过程，是以坚定信仰为魂，增强本领为根的系统教育过程，其中的知识教育和能力训练互为联系，具有极强的政治性、科学性要求。同时，党性教育是实践性极强的锻炼过程，单纯的集中教育过程可以形成党员干部关于党性的整体认识和深入思考，但是并非由此就能培育坚强党性。党性教育只能在深化改革、推动发展、服务人民的工作实践中取得实效。

党性教育是一个政党整体意志的建构过程。新时代加强党性教育，需要凝聚党的理论教育力量，深入研究党性教育的理论与实践特点和思想形成规律，构建实践基础上科学性、革命性与开放性相统一的党性教育课程体系。

就全党来说，党性教育的效果需要依靠净化党内政治生态、加强党内政治文化建设来保障。单纯依靠党校党性教育，没有全党政治生态的好转，无法取得良好效果。从这个意义上看，党的十八大以来全面从严治党，给提高党性教育质量提供了良好的教育大环境。就党校来讲，要破除党性教育只是相关教研部门职责的观念，树立"大党性教育"理念。做好党性教育是所有教研部门、所有党校教师的共同职责，从而实现由"党性课程"向"课程党性"的转变。

党校党性教育的效果不能单纯看学员的授课评价，要放宽视野。党性锻炼具体体现为党员自觉维护党中央权威，拥护党的路线方针政策、积极完成党的政治任务。正如习近平总书记所说："能否敢于负

责、勇于担当,最能看出一个干部的党性和作风。"党性教育的效果更多地体现在知重负重、攻坚克难的实际行动上。

二、完善课程体系,突出江苏党性教育特色,在党性教育中提升讲政治的学术含量

《规划》明确要求党性教育包括以下内容:理想信念教育;党章学习培训,党规党纪特别是政治纪律和政治规矩教育,廉政教育;党的宗旨和作风教育;党内政治文化教育;党史国史、党的优良传统和世情国情党情教育;政德教育,社会主义核心价值观教育,中华优秀传统文化、革命文化和社会主义先进文化学习教育。目前我校(院)党性教育单元基本涵盖了《规划》中的内容,主要问题在于"特色"不浓。

《规划》要求,立足江苏省实际加强党性教育,注重运用"恩来精神""雨花英烈精神""铁军精神""淮海战役精神"等红色资源,教育引导党员干部挺起共产党人的精神脊梁,解决好世界观、人生观、价值观这个"总开关"问题,自觉做共产主义远大理想和中国特色社会主义共同理想的坚定信仰者、忠实实践者。江苏省委书记娄勤俭指出:"如何始终坚定信仰信念,是摆在每一位党员干部面前的重大课题。红色基因是共产党人的精神底色,是涵养政治品格的营养剂。江苏这片红色热土,孕育了伟大的'周恩来精神''雨花英烈精神''淮海战役精神''铁军精神',这些都是共产党人初心使命的生动写照,要充分用好这些红色资源,以直抵人心的方式开展革命理想、革命传统教育,把红色基因代代传承下去。"

近年来,中共江苏省委党校(江苏行政学院)注重利用江苏的红

色资源，集中开发形成一整套独具江苏特色的党性教育"集成"课程体系。目前主要在党性教育主题教室课程中有所涉及，但主题教室课程中没有进行深入讲解分析。学员开展雨花台烈士陵园、周恩来纪念馆等现场教学，没有体现出党校学员教学与其他参观的区别。延安干部学院等干部教育培训机构组织学员现场教学一般是由党校专职教师开发专题课程全程讲解，江苏省委党校（江苏行政学院）在这方面有待进一步研究提升，作为江苏干部教育的"主渠道"，有义务和责任调动全省红色资源集中打造一批江苏党性教育特色精品课程，讲好江苏红色故事，传承江苏红色基因。

三、注重"三个结合"，将"用学术讲政治"的原则要求贯穿于整个党性教育之中

1. "用学术讲政治"必须实现史与论的结合

这里的"史"和"论"都必须具有很高的学术含量。没有历史做依托的理论不是真正的理论，空洞的说教只会使人昏昏欲睡。理论讲述必须紧密结合中国革命、建设和改革实践，以纷繁复杂的历史画卷诠释理论的形成、内涵及其历史意义，做到史论结合，言必有据，论从史出。需要重视对历史事件、人物、过程所处的社会背景及其变化的透视，加大对社会变迁影响因素的分析，避免抽象的空谈，让学员感到教师讲述的观点决不是主观臆造的结果，而是从丰富、翔实、典型的史料中提取概括出来，因而具有可信性和说服力。这就需要教师在掌握大量的史料基础上，对纷杂的史料做出鉴别、考证和分析。"不凭主观想象，不凭一时的热情，不凭死的书本，而凭客观实在的事实，

详细地占有材料，在马克思列宁主义一般原理的指导下，从这些材料中引出正确的结论"。史料是观点的依据，但史料终究要用观点去统率。要运用历史和逻辑、具体和抽象相统一的方法，将所讲授的理论演变的脉络置于历史发展的轨迹之中，在科学分析当时的社会矛盾和政治形势的基础上，对这一理论产生的过程进行全方位的历史考察，在此基础上对其进行较为中肯、客观的评析。既要有对理论本身产生和发展脉络纵向的历史考察，又要有对某一思想体系本身的深入论述。既要有对理论的时代背景总的铺垫，又要有对某一理论认识的专门剖析。既要有尊重历史事实、求真务实的严谨的治学态度，又要具有驾驭浩瀚历史资料的深厚功力，才能在授课过程中驾驭自如，观点鲜明，让学员透过丰富的历史悟得理论的真谛。

2."用学术讲政治"必须实现"史"与"今"的结合

党性教育需要将历史与现实密切结合起来。通过提炼党史资源的现实价值，可以用历史文化激活党员干部内心深处的红色基因。一是把握好利用党史资源进行党性教育的主题，即要思考我们党是如何探索马克思主义基本原理与中国革命建设实际相结合的道路，我们党是如何在探索中从思想上组织上作风上把自己锻造成钢，革命年代的共产党人是一群什么样的人，革命年代的群众是如何受党感召与党同行的。二是利用党史资源进行党性教育，应把党内政治文化作为聚焦点，避免单纯进行革命情感教育。三是针对领导干部开展的利用党史资源进行的党性教育，应注重提高干部的政治能力。包括领导干部的马克思主义理想信念教育，以及战略思维、创新思维、辩证思维、历史思维、法治思维、底线思维在党的创业史奋斗史发展史中的体现与运用。四是要注意发掘改革开放以来各条战线涌现出的模范与先进人物典型，他们的精神和事迹构成当代党性教育的鲜活素材。

3."用学术讲政治"必须实现"情"与"理"的结合

党性教育的规律要求全面把握好"知、情、信、行"的价值逻辑和实践要求,做到知之深、情之切、信之笃、行之实,不断增强党性教育的针对性和实效性。党性教育能否遵循"认知—感悟—认同—践行"的规律,做到情景交融、触及灵魂,直接决定着党性教育是否"有用"和"有效"。党性教育是由知而情、由情而信、由信而行的思想教育过程,是"知、情、信、行"的有机统一。"知"是前提,"情"是方式,"信"是重点,"行"是目的。党性教育规律和内在价值逻辑,要求党性教育既解决党员干部的思想自觉问题,又解决党员干部的行动自觉问题,通过以"知"促"情",以"情"促"信",以"信"促"行",最终做到知行合一。因此,在党性教育的全过程,应该科学把握"学理与情感""灌输与领悟""讲授与体验""启示与警示"等内在逻辑关系,将党性教育同理论教育、价值教育、能力教育有机结合,落小落细,从实处着力,不断提升党性教育的针对性和实效性。

四、打造精品课《毛泽东延安整风三篇论著及其当代价值》的思路和做法

精品课《毛泽东延安整风三篇论著及其当代价值》在《毛泽东延安整风三篇论著与加强党性修养》的基础上进行打磨,原课的结构是三个部分:(1)延安整风:加强党性修养是深层动因;(2)三篇论著:加强党性修养的思想武器;(3)时代价值:加强党性修养的现实启示。

由于原课程在主体班讲授多年,每次授课之后都吸收学员反馈意见

进行修改完善，已经比较成熟，所以准备保留原有课程的结构和思路，只在材料的挖掘和理论观点的阐述方面再深入一下即可，调整后的课程结构为：(1)加强党性修养是延安整风的深层动因；(2)三篇论著成为加强党性修养的思想武器；(3)论著对新时代加强党性修养的珍贵启示。

在集体备课的过程中，总体感觉与中央党校"用学术讲政治"的原则要求差距很大。"用学术讲政治"的原则要求是，要找准分析工具和框架，建立严密的逻辑体系，完成"两个转化"：即把现实问题通过一定的学术接口转化为理论问题，在分析理论问题的基础上再转化为现实启示，运用学术框架分析历史和现实问题。为此，主讲教师与项目组走出备课的"舒适区"，主动进行教学"自我革命"，终结路径依赖，忍痛割爱，打破原有课程结构，探索出"党史进、学理蓄、党建出"的原则路径，将三篇著作对应的主观主义、宗派主义、党八股三风问题作为整体进行讲述，课程结构设计为：(1)历史之鉴：延安整风及三篇论著的核心要义；(2)理性之思：三篇论著所揭示问题的深层学理；(3)时代之答：论著思想养分对作风建设的启示。

探寻分析工具和确立学理框架的过程更为艰难，最终确定了"主观与客观、局部与整体、形式与内容"三对范畴，剖析主观主义、宗派主义和形式主义及其顽固的根源。经过长时间的研究和艰苦的探索，进行了反复比对，一次又一次的"否定之否定"，尝试了多种路径，最终形成的课程结构包含三部分内容：(1)历史之鉴：延安整风及三篇论著的核心要义；(2)理性之思：三篇论著揭示的问题何以迁延至今；(3)时代之问：如何从三篇论著中汲取思想养分。

课程的第一部分，回到历史之中，通过详尽的历史史料回答了延安整风的缘起与目标指向这一问题，并提出"阻碍正确思想路线的主观主义为什么依然盛行？威胁党内政治生态的宗派主义为什么难以根治？危害党和人民事业的形式主义为什么屡禁不绝？"三个问题，由此引出第二个部分，理论分析了"主观与客观相分离；局部与整体相对立；形式与内容相脱节"问题。第三部分又回到现实，提出"坚持实事求是，实现主观与客观的统一；自律他律并重，实现局部与整体的统一；力戒形式主义，实现形式与内容的统一"。

精品课的设计，既有案例以情动人，也有学理以理服人。综上，一堂"用学术讲政治"的党性课程，一般需要具备以下几个要素：历史（详尽的史料）、理论（对历史之中的问题进行学理分析）、现实（从历史和理论的结合之中得出的启示）、感情（党性教育的特殊性在于必须怀有强烈的感情要素，善于把道理寓于史实之中，把问题寓于案例之中，通过引起学员的感情共鸣达到增强说服力的目标）。

在课程的长时间打造期间，整个团队加班加点，备课组成员集思广益、各抒己见，发挥各自学术特长无私奉献，对一些理论问题、学术用语以及一些措辞反复斟酌推敲、数易其稿。备课组成员有争论也有分歧，整个过程有痛苦也有喜悦，经历的艰辛令人难忘。

五、把握"四个要点"，坚持"用学术讲政治"，提升党性教育主题教室的教学质量

1. 教室展陈情境是提升党性教育课堂质量的基础

党性教育主题教室之所以不同于普通教室，就在于通过展陈营造了党性教育的情境，促使学员在红色情境之下回顾党的优良传统，触动灵魂反思自身。党性教育主题教室营造红色情境主要从内容和设计

两个方面入手。在内容方面，分为经典论述、历史记忆、时代先锋、永恒追求、江苏革命精神五大板块。在展陈设计方面，主题教室综合音视频、历史档案、书法油画等多种要素给学员以冲击感。主题教室门厅大屏幕短视频《党性之光》能够使学员迅速进入党性教育场景；历史档案给学员可以"触摸"到的历史真实感，触动学员进行历史思考；音视频、油画等艺术形式更能触动学员的感性认识。关键要素是依托展陈内容形成高质量、标准化的党性教育主题教室讲解词，充分体现"用学术讲政治"的原则要求。

2. 教学专题设计是提升党性教育授课质量的灵魂

党性教育的内容十分广泛，一次授课只能聚焦一个主题，对问题进行深入分析，不能泛泛而谈。经过长时间探索，结合江苏特有的党史资源和革命精神，目前完善了以下几个党性教育专题，并制作了相应的专题片。一是《密切联系群众，筑牢胜利基石》，以淮海战役中人民群众支援前线为主线，引导学员深刻认识"人民群众是历史的创造者"这一历史唯物主义基本观点。中华民族之所以能实现由站起来、富起来到强起来的转变，每一步都离不开人民群众，进入新时代，必须全面贯彻以人民为中心的发展理念。二是《坚定理想信念，坚守共产党人的精神家园》，以雨花英烈精神为主线，深入分析雨花英烈群体表现出来的"共产党人的崇高理想信念、高尚道德情操、为民牺牲的大无畏精神"。三是《苏东剧变的沉思》，从党性、理想信念等角度深入分析苏联和东欧发生剧变的原因，引导学员深刻认识到"苏联为什么解体？苏共为什么垮台？一个重要原因是意识形态领域的斗争十分激烈，全面否定苏联历史、苏共历史，否定列宁，否定斯大林，搞历史虚无主义导致的后果"。四是《坚守党性，加强品格修为》，通过对恽代英烈士革命实践与人格风范的剖析，让学员理解恽代英作为党内德行楷模的高尚境界，从中汲取强大的精神力量，借鉴他修身养性的方式，以增进自己的党性修养。目前存在的问题：一是专题和教学片陈旧，很多学员反复来学习几次以后对相关内容缺乏新鲜感。"不忘初心、牢记使命"主题教育期间省级机关单位大规模来党性教育主题教室参观学习，很多同志已经对相关内容熟悉，如果成为学员后再来这里学习同样面临缺少新鲜感的问题。二是如何统筹学员党性教育现场教学和主题教室授课的关系，需要从整体上设计，以利于两个活动形成合力，而不是简单重复。

3. 开放式分析讨论是提升党性教育课堂质量的关键

展陈情境使学员获得更多的感性认识，多是"别人的事情"。如何引导学员结合自身实际深层次思考，开放式讨论就成为重要的教学环节。做好开放式讨论，首先要设计好讨论主题，不能没有目的泛泛而谈，必须聚焦党性教育这一主题，聚焦使学员自我反思这一任务。比如在《坚定理想信念，坚守共产党人的精神家园》课上，可以引导学员讨论"和其他革命精神相比较，雨花英烈精神中坚定理想理念的独特性"这一问题。通过讨论使学员们认识到，雨花英烈不是为生活所迫投身革命，而是真正为追求远大的理想信念而奋斗牺牲。他们中不少人具有比较高的文化知识水平，大学毕业生不少，甚至还有一些留学生。雨花英烈在牺牲时的年龄大多在青春年华，牺牲时平均年龄不到 30 岁，最小的才 16 岁。教师的最后总结是开放式讨论的点睛和提升之笔。因为学员是即兴发言，所以对教师的理论功底和课堂驾驭能力提出了更高要求。不仅要求授课教师对党性理论和党的历史非常熟悉，而且要具备很强的总结提炼能力，善于把学员分散的发言要点快速进行梳理，进行理论总结，使课堂质量得到升华。目前存在的问题是，党性教育主题教室授课教师相对年轻，课堂经验和相关知识储备不足，导致和学员的相关讨论质量不高。

4. 评价激励体系是动力，根据主题教室教学特点科学制定教学评价体系，激励教师上好党性教室课

主题教室教学的过程和特点决定了不能完全依照其他课程教学的"问题导向、学理框架、授课艺术"三个指标来打分。如果不打分，则不能充分调动教师教学的积极性。建议立足主题教室教学特点，单独设计打分指标体系，单独排名（可列为现场教学类排名），以此激发教师上好主题教室课（或相关现场教学课程）的积极性。

六、注重理论联系实际，坚持"用学术讲政治"，提高党性研讨和党性分析的质量

1. 党性单元研讨要突出互动性，引导学员把课堂听课的真实感受讲出来，有助教师全面了解授课效果，了解学员在党性课程方面真正的需求和疑惑

设置党性单元研讨问题时要聚焦，不要泛泛而谈，问题本身要符合理论联系实际的特点，不要引导学员就理论谈理论，引导学员把在工作实践中形成的好经验、好做法拿出来交流、学学相长、教学相长。目前的问题是问题设置过于抽象，联系实际不紧密，比如"如何理解新时代党的建设总要求"可以改为"联系工作实际，谈谈新时代党的建设面临的新情况、新问题"。问题设置要和相关课程有联系，比如可以设置"谈谈新形势下理念信念教育的难点""业务工作和党建工作如何实现高度融合""全面从严治党向基层延伸的必要性、难点和路径"

等广大党员普遍关注的问题。

2. 党性分析要有党校特色，要突出党性单元学习收获，要对照党性单元相关教学内容开展

目前校（院）党性分析环节存在千篇一律、不深不透等问题。建议列出具体问题清单引导学员逐一对照，比如对照党章，重点分析是否坚持党的性质宗旨，贯彻党的基本理论、基本路线、基本方略；是否认真履行党员八项义务，践行入党誓言，充分发挥党员先锋模范作用；是否按照党员干部六项基本条件，真正做到信念坚定、为民服务、勤政务实、敢于担当、清正廉洁；是否严格遵守党的组织制度，严守党的政治纪律和政治规矩；是否坚持党的群众路线，树牢宗旨意识，坚持从群众中来、到群众中去，善于做好新形势下的群众工作。对照党性教育主题教室相关课程重点分析是否坚定理想信念，坚定马克思主义信仰和共产主义信念；是否坚定不移贯彻党的基本路线，在大是大非面前站稳政治立场；是否坚决维护以习近平同志为核心的党中央权威和集中统一领导，增强"四个意识"、坚定"四个自信"、做到"两个维护"；是否严格落实中央八项规定精神，坚决反对"四风"；是否坚持民主集中制原则，坚持正确选人用人导向；是否勇于开展批评和自我批评，保持清正廉洁的政治本色。要引导学员把自己摆进去、把职责摆进去、把工作摆进去，联系实际分析问题。

课题负责人：周延胜，中共江苏省委党校（江苏行政学院）党史党建教研部副主任、教授。

增强主体班教学的时代性针对性有效性研究

2018年全国干部教育培训工作会议指出,要"把习近平新时代中国特色社会主义思想作为干部教育培训的首要任务和中心内容,着力增强干部教育培训的时代性、针对性、有效性,聚焦党和国家事业新目标新部署,适应新时代发展的新要求,精心设计培训内容、精确选调培训对象、精细挑选培训师资"。这是中央对新时代干部教育培训工作提出的新要求,党校作为教育培训党员领导干部的主渠道,要主动适应新时代形势和任务的变化,大力推进主体班教学时代性、针对性、有效性的提升。

一、把握主体班教学时代性针对性有效性的内涵和要求

2018年11月,中共中央印发《2018—2022年全国干部教育培训规划》,对当前和今后一个时期的干部教育培训工作进行了全面部署。2019年3月,江苏省委印发《2018—2022年江苏省干部教育培训规划》,结合江苏实际,明确了江苏干部教育培训工作的目标、任务和要求。这两个重要规划的出台为中共江苏省委党校(江苏行政学院)在

新时代加强和改进干部教育培训工作指明了方向，为推动主体班教学工作的高质量发展提供了根本遵循。进入新时代，主体班教学要围绕中央、省委新目标新部署，创新培训方式、完善管理机制，不断提升领导干部的政治意识、党性修养和理论素养，增强教学时代性、针对性和有效性。

（一）突出时代性，主体班教学要以习近平新时代中国特色社会主义思想教育为主线，聚焦中央、省委在新时代的新目标新部署

中国特色社会主义进入新时代，主体班教学要紧扣时代脉搏，突出以中国共产党人在新时代的理论创新成果为指导，及时精准地呼应实践层面的新情况、新问题。

在理论教育上突出以习近平新时代中国特色社会主义思想教育为首要任务，作为主体班教学的中心内容，制订教学计划时重点部署，配置师资资源时重点保障，让新思想系统权威进教材、生动有效进课堂、刻骨铭心进头脑。

党性教育要充分结合新时代的特征，以政治训练促进政治看齐，以党性锻炼促进行动看齐。不断强化党章党规党纪学习教育，大力弘扬共产党人价值观，教育引导广大干部永葆共产党人的政治本色。要充分利用江苏的红色资源，加快开发优质党性教育课程，不断丰富党性教育载体，突出党性教育的典型意义和实践意义，提炼出具有独特价值的经验和启示，把看听思悟等形式统一起来，形成一批感染力强、影响力大的党性教学范本，教育引导党员干部挺起共产党人的精神脊梁。

省情教育要及时捕捉新时代江苏在实践层面遇到的新情况新问题，聚焦江苏省委在新时代的新目标、新战略、新部署。按照统筹推进"五位一体"总体布局和协调推进"四个全面"战略布局要求，紧紧围绕建设"强富美高"新江苏，围绕"六个高质量"发展系列部署，突出问题导向，以扎实的学术研究为支撑，为学员解决实践中遇到的新问题新困惑提供有效的建议和有益启发，将广大学员的思想凝聚到江苏省委在新时代的一系列重大战略部署上来。

知识培训和专业化能力培训要着力提升学员适应新时代、落实新部署的能力，及时反映经济、政治、文化、社会、科技等方面的新变化、新趋势，加强党的路线方针政策和宪法法律法规的学习，加强新知识和新技能的学习培训，提升科学人文素养，促进学员履职的基本知识体系不断健全、知识结构不断改善、综合素养不断提高。

（二）提升针对性，主体班教学要积极回应新时代江苏省领导干部遇到的新问题，强化供需匹配，提升精准施教水平

突出针对性，围绕解决实际问题并充分结合学员的特征开展培训，提升精准施教水平，这既是两个规划对新时代干部教育培训工作提出的要求，也是提升党校主体班教学质量、增强教学有效性的重要前提。

1. 精准问题导向

主体班教师要能够发现真问题，精准把握新时代出现的新情况新变化，充分了解学员的新问题新困惑，根据问题的变化不断加深学理研究，以扎实的学理支撑为学员解决问题提供启发，不断更新完善课程内容，积极回应实践挑战。

2. 精准需求导向

主体班教学管理部门要开展细致精准的需求调研，针对各班级学员在层级、地区、岗位等方面差异，具体、定量、精准地把握学习需求，为制定科学合理的教学计划奠定基础，为教师改进教学质量提供参考。

3. 精准供需匹配

主体班教学管理部门要基于教学专题的存量资源，综合考虑组织需求、岗位需求以及学员个人需求，科学设置班级教学计划，消除教学供给与培训需求之间不匹配、不均衡、不协调的矛盾，真正做到"有的放矢"，推进主体班教学由"大水漫灌"向"精准滴灌"转变。

（三）增强有效性，主体班教学要实现理论教育入脑入心、党性教育更加扎实、学员适应新时代新要求的能力切实提升的目标

围绕高质量培训干部，增强教育培训的有效性，是新时代干部教育培训工作的价值所在和目标导向。党校主体班教学要增强以干部教育规律和干部成长规律为指导，不断探索创新教学方式方法，增强课堂的吸引力感染力说服力，着力提升教学效果，促进学员的内在能力和素质的提升。

加强对干部教育规律和干部成长规律的研究。要深入研究习近平新时代中国特色社会主义理论教育的特点和规律，不断增强理论学习教育的吸引力感染力说服力。

创新教学方式方法。根据学员特点，遵循干部成长规律，结合教学内容和教学目的，推进教学方式方法创新，继续在主体班开展研讨式、案例式、体验式、行动学习等方法，及时总结教学规律，改进教

学质量，探索运用研究式教学、论坛教学、翻转课堂等方法。

健全完善主体班教学质量评估制度，建立健全多元化、系统化、动态化的评估体系，全面衡量主体班教学有效性情况，作为改进主体班教学质量的重要依据。

二、主体班教学时代性、针对性和有效性的现状及问题

提升主体班教学时代性、针对性、有效性，关键是要建强教学保障体系，不断完善教学制度体系。近年来，中共江苏省委党校（江苏行政学院）加大主体班教学的制度建设力度，突出问题导向优化课程设置，强化学理支撑提升教学穿透力，推动教学方式方法创新增强课堂吸引力，优化教学资源突出教育特色，主体班教学制度化体系逐步完善，教学质量得到提升。但对照两个规划对于新时代干部教育培训提出的新要求，当前江苏省委党校（江苏行政学院）主体班教学时代性、针对性、有效性方面还有一定提升空间。

（一）制度设计方面，主体班教学管理制度的部分实施细则有待进一步明晰，实施流程有待进一步规范，制度的系统化程度有待进一步提升

近年来，中共江苏省委党校（江苏行政学院）推进主体班教学供给侧改革，推动教学管理朝着制度化、规范化的方向发展。2017年以来，教务部门出台了《主体班次教学专题末位调整规定》《主体班次教学专题生成规程》《主体班教学督导暂行规定》《主体班优秀教学奖评

选办法》《优秀组织奖评选办法》、授课质量评估细则、《主体班教师教学工作量计算标准》等制度规范，围绕专题生成、过程管理、结果反馈、激励约束等环节，优化顶层设计，提升了主体班教学管理的科学化水平。从总体上看，当前主体班教学管理的制度体系已基本形成，但对照时代性、针对性、有效性的要求，当前教学制度体系还有进一步完善的空间，主要包括以下几个方面。

1.在教学专题生成方面缺少较为规范的需求调研程序，专题生成的时代性和针对性有待提升

根据《主体班教学专题生成规程（试行）》，当前主体班教学专题的生成主要采取"定期征集"与"不定期征集"两种方式，主要由教研部门"根据形势任务要求，结合课程体系建设"进行申报。虽然该项制度明确规定"依照形势任务要求"生成教学专题，但在具体实施过程中，就如何把握好"形势任务要求"却没有一套可供参照的规范化的程序标准。教研部门和教学管理部门大多根据组织需求，结合教师个人研究方向、研究兴趣等形成专题，这个过程中有不少的主观性因素，导致生成的专题并不能够系统、精确地反映出新时代江苏形势和任务的变化以及各级领导干部遇到的新情况、新问题。

2.在教学质量评价方面缺少多元化评价与反馈机制，评价方式单一，缺少对教学效果的动态跟踪反馈，教学管理部门、教研部门乃至教师个人对于教学"有效性"的把握比较模糊

当前，对教学"有效性"的把握主要依据学员打分以及教学督导组随堂听课等方式进行反馈，对于教学"有效性"没有明确的衡量标准。通过学员打分和教学督导等途径，对于促进教师提升教学有效性产生了一定激励，但其缺陷在于主观性、随意性比较大，难以真实反映出教学

的"有效性"程度[①],且非常容易形成激励导向的偏离[②]。

随着《2018—2022年全国干部教育培训规划》及江苏省规划对于教学有效性提出新的更高的要求(见表2),我校应加快探索教学质量多元化、系统化评估的模式与路径,增强对教学有效性的跟踪反馈,使之作为优化课程体系、衡量教学工作质量的重要依据,并为教师提升教学有效性提供明确的参照依据,这是提升新时代主体班教学有效性的重要前提。

表2 干部教育培训课程质量评估参考指标

一级指标	二级指标
教学态度	课前准备
	计划执行
	教学纪律
教学内容	立场观点
	深度广度
	逻辑层次
	联系实际
教学方法	内容匹配度
	学员接受度
	运用灵活度
教学效果	知识与能力
	启发与思考

资料来源:《2018—2022年江苏省干部教育培训规划》。

---

① 调研发现,同一门课,在不同的班级讲授,学员对于"问题导向""学理支撑""讲课艺术"三大模块的打分可能相差悬殊。
② 容易使教师刻意注重那些可以"看得见"的指标,忽视了影响"有效性"的内生性因素。

3. 在教师激励与约束制度方面对于教学时代性、针对性、有效性没有提出明确的、可执行的具体要求

根据《主体班优秀教学奖评选办法》，目前在主体班教学中，学员打分是教师评选教学奖的唯一依据，对于引导教师的教学行为产生着非常强的激励。通过对《主体班教师授课质量评估表》的分析发现，在学员打分的三大模块（除"政治纪律"模块）中，只有"问题导向"模块对教学的针对性提出了明确要求，"学理支撑"及"讲课艺术"模块虽然与有效性间接相关，但没有被明确提出，这对于教师提升教学有效性产生了一定的制约。一方面，站在学员的立场，让没有相关专业背景的学员去判断一门专业课程是否有"学理"，还不如让他直接去判断对自己工作或思想上问题的解决是否"有效"；另一方面，站在教师的立场，明确提出"有效性"的要求也会引导教师更加侧重对教学实际效果的把握，而不是在课程中为增加那些"看得见"的学理支撑而刻意增加学理支撑，最终对于教学有效性反而产生了不利影响。在当前"教研咨一体化"大背景下，鼓励教学要有学理支撑，这个方向是正确的，但教学之中是否有学理，判断权不应在没有专业理论背景的学员，而应在教学组织和教学管理部门，主体班学员更重视的或者更擅长判断的其实是这门课对自己是否真正"有效"。

（二）课程设置方面，主体班课程结构性问题比较突出，导致教学针对性有效性受到一定程度的制约

总体上看，主体班的课程设置较好体现了时代性要求。随着中国特色社会主义进入新时代，以习近平新时代中国特色社会主义思想为中心内容的理论教育不断深入，各班次在理论教育部分均开设了完备

的课程体系。同时，结合新时代党性教育特征的变化，不断挖掘和充分利用江苏红色资源，启用党性教育主题教室新馆，打造有特色、有深度的党性教育精品课堂。为提升学员适应新时代、实现新目标、落实新部署的能力，在江苏省省情研究和能力提升单元，重点围绕省委"六个高质量"部署设置了更加务实管用的课程内容，反映了新时代江苏经济社会发展的新趋势、新情况、新问题。

根据《2018—2022年全国干部教育培训规划》以及《2018—2022年江苏省干部教育培训规划》的要求，虽然总体来看，主体班课程设置符合相关要求，但对照"分类分级培训"目标和不同类别干部培训重点任务等方面的要求，可以发现，当前主体班课程设置的结构性问题比较突出，在课程设置时对不同班级学员构成方面的差异性考虑不足，教学计划生成与班级学员的培训需求结合不深，对教学的针对性、有效性产生了不利的影响。

当前，主体班次学员主要按"分级"和"分类"两种方式进行分班，前者如省管干部培训班、县处级干部培训班、中青班等；后者如乡镇党委书记班、乡镇长班以及团委书记班等。通过对近两年《主体班教学计划》的分析可以发现，虽然主体班不同班级学员的构成存在巨大的差别，但课程设置从总体上并没有太大的差异，各班大多采用了"四单元模式"设置课程，且每个单元课程的差异性也不大。

课程设置忽视了班级学员的结构性特征，这对于教学的针对性和有效性会产生较大的影响。事实上，不同类别干部所面临的问题存在着很大差别，培训的重点和培训目标也应体现出这种差异性。表3列出了《2018—2022年江苏干部教育培训规划》中有关"打造精准高效的培训项目体系"的要求,其中,各类干部还可以根据岗位进一步细化分类。因此,在干部分类如此复杂的情况下,若不开展深度的班级学员结构分析,在设置课程时不充分结合班级学员的结构特征,那么主体班教学的针对性和有效性务必受到非常大的影响。

表3 《2018—2022年江苏干部教育培训规划》对干部分级分类培训重点的要求

干部类型	培训要求
党政领导班子成员	以提高政治素质、增强党性修养为根本,以提升专业能力为重点,突出党的群众路线教育
机关公务员	以加强思想政治建设、职业道德建设和业务能力建设为重点,准确把握综合管理类、专业技术类、行政执法类等类别特点和不同需求
企业领导人员	以强化忠诚意识、拓展世界眼光、提高战略思维、增强创新能力、锻造优秀品行为重点,着力培养企业家精神
事业单位领导人员	以提高政治觉悟、管理能力、专业水平和职业素养为重点
专业技术人员	以提升思想政治素质和职业素养、创新创造创业能力为重点,以新理论、新知识、新技术、新方法为主要内容
年轻干部	突出理想信念宗旨教育、思想道德教育、优良作风教育,加强政治训练和实践锻炼

以2019年中共江苏省委党校(江苏行政学院)春季学期中青一班和中青二班为例。中青一班学员构成相对单一,大多来自高校和研究机构;中青二班则比较复杂,学员中有省委各厅局处级干部、团

委书记、银行经理、副县（区）长、组织部长、妇联主任以及报社主编等，所从事的工作岗位有金融、统计、纪检、传媒、农业、工业、商业等条线。虽然这两个班学员的结构性特征存在着明显的差异，但在课程设置上却高度相似。由此导致的结果有两个方面：一是在学员评价上，同样的一门课程，在中青一班可能被评价为"有针对性""教学效果好"（有效性），但在中青二班却可能被评价为"缺乏问题导向""缺少学理支撑"等，评价结果无法反映教学时代性、针对性、有效性的真实情况；二是在教师对自身课程改进方向的把握上，由于从学员那里反馈的信息差别很大，使得教师难以抓住问题的根本，对于今后如何增进课程的针对性和有效性可能无所适从。

（三）课程内容方面，部分专题的课程内容更新速度较慢，不能及时精准地捕捉形势的变化，反映新情况、新问题，制约了主体班教学时代性针对性有效性的整体提升

从教学管理的角度看，学校除通过新专题的设置以体现时代性要求外，推动已有专题授课内容的及时更新也是确保主体班教学时代性、针对性、有效性的重要方面。当前，主体班新专题从最初的专题生成环节即提出了时代性、针对性等方面的要求，且教学管理部门会组织专家对新专题进行试讲把关，故而开设新专题的教师有极大的动力对授课内容进行完善，确保了新专题课程内容的时代性、针对性和有效性。相比新专题而言，部分已有专题的授课教师在这方面的动力不足，主要是因为学校层面对于已有专题的更新情况不再像新专题那样会组织专家"硬性把关"，纯粹凭教师的自

觉，而推动教师自觉更新的唯一动力源在于学员的评价。但学员评价本身具有非常大的主观性和模糊性，这就激发了教师更愿意在课堂表现上下功夫，或者为了评价而授课，却不是真正沉下身去做调查，静下心来做研究。此外，当前教务处对于已有专题的更新虽然也提出要求，但客观的制度规定并不十分明晰，仅仅是在《主体班优秀教学奖评选办法》以及《主体班教师授课质量评估表》等文件中提出"针对性强"的要求，教师在实施过程中缺乏具体的可参照的标准。

除教师个体的动力不足外，部分教研部门在对本部门已有专题的时代性、针对新、有效性方面的把关也有进一步提升的空间。笔者调查发现，一些部门在组织开展集中备课的过程中，除了会对新专题进行把关外，对已有专题是否及时进行了内容更新也提出较高的要求。但还有一些教研部门，把集中备课重点放在新专题的研讨上，而忽视了已有专题的更新情况。事实上，就提升教学时代性、针对性、有效性而言，恰恰是已有专题才更加需要教研部层面的重视，新专题因为有学校试讲环节的约束，教师自己会想方设法进行内容的优化完善。

当然，从教师的角度来看，每一位教师都希望把自己的课上得更精彩，都希望自己的课能够符合时代性、针对性以及有效性等方面的要求，但在当前教研咨一体化的机制体制尚未完全建立的背景下，教师个人与实践接触以及与学员进行深度交流的机会比较少，对于实践问题把握和认识必定不会非常深刻，此时，如果再没有了制度的硬性要求以及教研部门的把关，课程内容的时代性、针对性、有效性也就很难得到增强。

（四）教学方式方法方面，课程特色不明显，授课方式比较单一，推动学习教育"往深里走、往实里走、往心里走"还有一定的提升空间

主体班教学具有时代性、针对性、有效性，关键是要把习近平新时代中国特色社会主义思想作为一条主线，贯穿于主体班教学的始终，其中，最基础和最重要的是要在理论教育单元，系统全面地把习近平新时代中国特色社会主义思想讲深、讲透。但这里很容易出现一个问题，为贯彻落实《2018—2022年全国干部教育培训规划》的要求，从中央党校到地方各级党校，都开设了有关习近平新时代中国特色社会主义思想的系统化课程，难免出现课程之间的雷同。在这种情况下，如果地方党校不结合本地区特色，创新差异化教育方式，有可能会影响教育的实际效果。

从江苏省委党校（江苏行政学院）情况来看，目前主体班开设的习近平新时代中国特色社会主义思想相关专题课程，基本都采取了单一的"讲授式"方式，虽然授课教师大多是资深教师，教务处对于课程内容提出较高的学理要求，且教师在讲授过程中也能够充分结合江苏的情况进行讲解，但纯粹的"讲授式"方式没有能够充分发挥出我校教学资源的特色优势，只有教师"教"的过程，缺乏学员主动"思"的过程，学员有时处于"重复式""被动式"接受的状态，制约了学习教育有效性的提升。

因此，当前及今后一段时间，大力鼓励教学方式方法创新，尤其鼓励广大教师在习近平新时代中国特色社会主义思想教育方面积极开展方法创新，成为摆在我们面前的一项迫切任务。对照新时代干部教

育培训的新任务、新要求，当前在推进教学方式方法创新方面还有较大的提升空间。

1. 对教师开展教学方式方法创新的激励不足

目前，对于鼓励教师开展教学方法创新方面，学校没有出台专项制度，仅仅是通过增加教学课时系数的方式予以激励，根据《主体班教学工作量计算标准》，对于案例式、模拟式以及结构化研讨等"非讲授式"教学方式采取类似项目组的方式计算课时。除此之外，教学奖的评定、教学质量评价等重要的导向型制度都没有体现对教学方式方法创新的激励。

2. 对干部教育规律性的研究不足

推进教学方式方法创新，一个重要的基础是对干部教育的规律要有深刻把握，只有从学员接受知识的内在规律和特点出发创新教学方法，设计一套以学员更容易接受的方式开展教育，才能带动教育有效性的提升。《2018—2022年全国干部教育培训规划》明确提出要把干部教育学列为二级学科建设，这表明中央对于加强干部教育规律研究的重视，反映了新时代对干部教育工作提出了更高的要求。2019年，我校开展教学重大专项课题的研究工作，这为我们加强干部教育规律研究开了一个好头，但要激发更多的教师主动开展干部教育规律的研究，亟须在制度层面获得保障。

3. 对在教学以及教学管理过程中应用新一代信息技术的意识不强

在当前的教育培训领域，利用新一代信息技术推进教学方式方法的创新，并带动教学管理科学化发展正成为一个趋势。以大数据为例，大数据技术在重塑干部教育培训需求调研机制、构建系统化分级分类培训机制、整合共享教育培训资源、确定干部教育培训方向、提升干部教育培训实效性等方面都具有独特优势。随着新一代信息技术的日益成熟，在利用新技术推动教学和管理创新发展方面还有着较大的发展空间。

三、增强主体班教学时代性针对性有效性的对策建议

针对我校在主体班教学时代性、针对性、有效性等方面存在的问题，结合两个规划的要求以及相关文献研究的启示，主体班教学应着力在推进机制优化和实现平台有效方面加大工作力度，通过加强供需匹配，提升精准施教水平；通过完善激励约束，优化教师行为导向；通过加强规律研究，带动教学方式方法创新；通过整合教研咨平台，推进资源优化配置；通过加强交流，促进教师教学水平和能力的不断提升。

（一）强化需求调研，优化课程设置，提升教学"有效供给"

提升主体班教学时代性、针对性、有效性，首先要推进课程供给与学员需求之间的匹配。一方面，要考虑供给资源的结构性特征（教务部门要对已有或新申报教学专题究竟为了解决什么问题进行系统梳理）；另一方面，也要充分结合组织需求、岗位需求与学员的个人需求（在学员入学前就摸清其究竟想通过培训解决什么问题）。在对供需两方面信息都掌握充分的基础上，教务处应结合课程内容特点，合理设置不同班级课程体系，优化干部需求与班级课程设置的匹配度，进而制订出与班级学员结构相匹配的差异化教学计划。

增强主体班教学的时代性针对性有效性研究

1. **强化需求导向,根据需求的结构性特征优化课程设置**

主要分为以下两种类型:一类是与组织需求密切相关的教学专题,如习近平新时代中国特色社会主义思想相关教学专题以及理论教育、党性教育相关教学专题,可设置为所有班级均需要开设的课程(对照《规划》要求,综合考虑学员类别、专题内容以及授课教师个性特征等因素进行课程设置)。另一类是与学员岗位需求及个人需求密切相关的教学专题,如与学员工作需求相关的原"省情教育"单元相关专题,以及与学员能力和知识提升需求相关的原"能力提升与知识拓展"单元相关专题,在课程设置时要考虑与班级学员的需求结构进行匹配。具体匹配程序如下:(1)由教师对专题(包括已有专题)中的"问题导向"(即本专题主要解决什么问题)进行梳理,每个专题梳理出 2~3 个问题,上报教务处;(2)教务处对所有教学专题的"问题导向"进行系统性整理,制作《问题汇总表》;(3)在学员入学前向学员发放《问题汇总表》,要求学员对所关心的问题进行勾选;(4)教务处对各班回收的《问题汇总表》进行统计,计算各班学员勾选问题权重排名,问题排名靠前的相关专题,在该班课程设置时优先考虑;(5)综合考虑组织需求、个人需求、岗位需求,加强与组织部门、学员单位的协调会商,共同确定最终的教学计划。

2. **提升有效供给能力,不断优化教育观念、教育手段、管理水平,促进供给质量提档升级**

习近平总书记在 2015 年全国党校工作会议上指出,"目前存在的理论教育和党性教育的针对性和实效性不够,既有受教育方不勤学、不真学、不深学等方面原因,也有施教方的教育观念、教育手段、管理水平等方面原因"。要加大对教学时代性、针对性、有效性工作的组织力度，加快推进教学评估制度、教学奖评选制度、教学方式方法创新激励制度等一系列规章制度的优化完善，努力在全校营造"教研咨一体化"改革氛围，带动教师教学理念的转变。

（二）完善主体班教学质量评估制度和教学奖评选制度，加强对教学有效性的跟踪反馈，构建多元化、系统化的主体班教学质量评估体系

完善教学质量评估制度和教学奖评选制度是提升主体班教学有效供给水平的重要基础。正如前文指出的，当前我校在评价主体班教学有效性方面存在较大的不足：一是缺少教学活动实施前的质量评估制度。尤其对旧专题内容是否及时更新以及专题的教学方式是否有效等方面缺少评估。二是现有的教学质量评估制度有待进一步优化完善。当前主体班教学质量评估方式以"学员评分"为主，尤其是其中的学理支撑模块，占评分的60%，对于教师的行为导向产生了强激励。但大部分学员不具备专业学术背景，其评价时的依据极为模糊，并不能客观真实地反映出教学专题的学理支撑情况。在评分模式的引导下，教师可能"为了学理而学理"，反而不利于提升课程的有效性。三是对教学后续评估及反馈不够系统和科学。根据目前的情况，主体班教师讲课结束后，主要从学员打分的情况中获得部分反馈信息，缺少系统化的跟踪反馈机制，有时不同班级学员打分的结构可能相差悬殊，容易对教师产生误导，不利于教师明确改进的方向。

完善主体班教学质量评估制度和教学奖评选制度的建议有以下几方面。

增强主体班教学的时代性针对性有效性研究

1. 加强教学前评估，制定出台"主体班教学预评估制度"

一要对教研部门提出要求，加强教研部门对教学专题，尤其是对旧专题时代性、针对性和有效性的把关。建议在每门课授课前，由教研部门（重点对旧专题）组织集体备课，并对教学专题的政治性、时代性、针对性、有效性情况进行预评估；相关专题授课结束后，由教务处组织，对教研部门预评估情况与学员评分的情况进行比照，并将比照结果反馈教研部门，供教研部门分析教学前评估和教学后评估产生差距的原因，从而使得教学改进更具针对性。二要对教师个人提出要求，不断强化教师提升教学时代性、针对性、有效性的意识。建议旧专题在授课前，也应与新专题申报一样，由教师填写课程内容的更新情况，明确课程时代性、针对性的具体依据（即本门课出现哪些新的问题导向、课程如何体现了针对性、准备以怎样的方式增进与学员的互动等）。

2. 修改现有的教学质量评估制度，学员侧重从"政治性""时代性""针对性""有效性"四个层面对专题进行打分

其中，"政治性"的内容及评价方式不变；"时代性"主要让学员判断该课程是否体现了习近平新时代中国特色社会主义思想，是否反映了新时代的新趋势新特征，以及是否具有历史和国际的视角等；"针对性"主要让学员判断该课程是否具有明确清晰的问题导向，是否反映了新时代出现的新情况新问题等；"有效性"主要让学员判断通过该课程的学习，是否加深了对培训前一些疑惑和问题的理解，以及该课程对于自身的工作能力、知识水平等是否具有促进作用。与现有的学员评分模块相比，上述四个层面的新模块更直接，与学员参训的关系度更高，学员在评价时更容易把握，也更符合《2018—

2022年干部教育培训规划》对于新时代干部教育培训提出的新要求。

在改变评分模式的基础上，对教学奖评选制度进行适当修改：学员评分仍然作为教师评选教学奖最重要的依据，但最终能否评上教学奖以及评奖的名次如何，需要对该专题"学理支撑"情况进行把关。从理论上讲，专题是否具有"学理支撑"，需要由教务处组织专家委员会（引入多元化评价主体）予以评定，但考虑到教学奖评选在学校的重要地位，应建立较为客观的评定标准，确保评选结果的权威性。建议将"学理支撑"的评价与科研成果进行挂钩，具体程序如下：首先，教务处根据学员评分，按 1:1.5 的比例确定教学奖备选专题；其次，根据备选专题是否有相关学术论文的发表为依据，对照科研评分标准，根据发表期刊（或专著）层次及数量，对备选专题的"学理支撑"情况折算计分；最后，按照学员评分和学理支撑计分的总和重新排名，确定教学奖的名次。

3. 建立完善的后续跟踪评估制度

前述教学质量评估制度只是针对学员在学校学习的情况进行评估，事实上，从学校教学管理的层面看，还需要放眼长远，加强对培训质量的全面评估。建议成立专项项目组，建立干部培训数据库，对重点班次的学员进行培训质量跟踪评估，全面衡量学员受训后半年或一年的情况，以此反映培训的效果。评估的内容主要包括两个层面：一是政治素质和党性修养的情况，主要通过发放问卷、向学员的同事或上级电话征询等方式进行反馈；二是工作能力提升情况，主要通过统计计量分析技术，分析重点班次学员在离校后的一段时间是否促进了工作业绩的提升。除对重点班次学员进行跟踪评估外，全校层面可以建立教学有效性抽样跟踪评估制度，每学期从所有学员中抽样部分学员进行跟踪调查，具体程序与前述类似（两个层面的跟踪调查），根据抽样反馈的信息，对全校主体班教学的有效性情况进行估计，作为后续改进培训质量的重要依据。

（三）加强对干部教育规律和干部成长规律的研究，出台主体班教学方式方法创新激励制度

如前所述，加强对干部教育规律和干部成长规律的研究是新时代干部教育工作发展的必然趋势，两个规律的研究有利于我们探索适用于江苏省干部教育的教学方式方法创新，进而不断提升我校（院）主体班教学的有效性。

建议学校以2019年"校教学专项研究课题"的设置为参照，每学期设置"江苏干部教育规律和干部成长规律专项研究课题"，鼓励广大教师加强对两个规律的研究；教务处应组织相关力量加强对主体班教学规律的研究，建立长效研究机制，结合教学评价、教师调研、学员调研、班主任调研等方面，对每学期主体班教学情况开展分析，提出改进建议，供教师和教学管理部门参考；在《唯实》杂志设立"干部教育研究"专栏，邀请我校主体班获奖者撰写教学心得感悟和教学规律方面的文章，以核心期刊标准计算科研分，侧重鼓励深入研究习近平新时代中国特色社会主义思想理论教育的特点和规律，不断增强理论学习教育的吸引力、感染力、说服力。

在加强两个规律研究的基础上，出台推进教学方式方法创新的激励制度，鼓励广大教师开展教学方式方法的创新，尤其鼓励广大教师围绕习近平新时代中国特色社会主义思想的教学开展教学方

式方法的创新。对于以创新性教学方法申报新专题，必须要有相关干部教育规律方面的研究成果作为支撑，教务处组织专家在前期开展严格论证。一旦创新式新专题申报成功走上主体班讲台，即给予课时和教学质量计分方面的双重激励（乘以一个系数）。此外，创新式新专题的开设情况应作为教研部评选年终教学组织奖的重要依据。

（四）推进"教研咨一体化"工作向纵深发展，提高发现"真问题"的能力，增强研究学理支撑，提升课堂教学的说服力、渗透力

提升决策咨询研究部门和教研部门发现"真问题"的能力，作为主体班教学新专题设置的重要来源和已有专题更新授课内容的重要参照。在问题调研方面，相关部门应明确分工：决策咨询研究中心、校智库办侧重宏观层面问题的调查研究，及时关注和跟踪中央重要精神和江苏省委重大活动，准确把握国际国内以及全省形势的最新变化，聚焦党委政府的新战略新部署，定期（如每月）印发《问题参考》，供全校教师参阅；教研部门侧重中观和微观层面的调查研究，主要结合教师的学科背景，围绕相关领域各级领导干部在新时代遇到的新情况新问题开展调查，根据问题及时更新课程内容。学校层面应制定鼓励开展调查研究的激励制度，从经费、科研计分等方面对调研活动予以保障和激励。在加强调查研究的同时，在教学的"学理支撑"方面进一步提高要求，将与教学专题相关的学术研究成果作为教学奖评选的重要依据和参照[见本节（二）部分的建议]，进一步带动"教研咨一体化"工作向纵深发展。

（五）加大对主体班教学时代性、针对性、有效性工作的组织力度，在全校营造主体班教学"三性"提升的良好氛围

建议教务处在每学期开班前，组织主体班全体授课教师召开"学员结构分析会"，对各班学员的岗位构成、年龄和学历结构、入学考试情况、集中反映的问题以及组织的培训要求等进行分析和说明，让广大教师充分了解所要授课班级学员的结构性特征，从而对授课内容、授课方式等有提前准备，提升精准施教的水平。

建议深入实施教师跟班学习制度，每学期各抽选1名青年博士教师、1名教学二等奖或三等奖获得者，两名在教学方面有进一步提升空间的教师，进行全脱产跟班学习，与普通学员一起，全流程参与到主体班的生活、学习、研讨过程中，促进教师与学员的深度交流，加深对现实问题的把握，让主体班教师从学员的视角加深对自身教学的反思，带动教学质量的提升。

建议教务处每年组织一次"主体班教学论坛"，按照理论教育、党性教育、省情教育、知识和能力提升等板块进行分组，每学年在主体班授课的教师均可向论坛投稿，围绕不同板块的教学规律、主体班授课艺术、主体班教学管理等方面提出建议、加强交流，推进教学整体质量的不断提升。

课题负责人：田伟，中共江苏省委党校（江苏行政学院）教务处副处长（主持工作）、教授。

后　记

推进"用学术讲政治"教学改革，是党校办学的一场全方位、根本性变革。中共江苏省委党校（江苏行政学院）把深化"用学术讲政治"教学改革作为贯彻《中国共产党党校（行政学院）工作条例》、实现"聚焦主业主课，聚力改革创新，推动高质量办学走在全国前列"目标任务的重要举措。2019年3月，中共江苏省委党校（江苏行政学院）以"用学术讲政治"为主题，通过招标和委托的方式立项了一批教学改革专项课题，组织教研部门负责人和教研骨干，深入研究推进"用学术讲政治"教学改革中遇到的重点难点问题。

本书系中共江苏省委党校（江苏行政学院）2019年教学改革专项课题研究成果汇编。中央党校（国家行政学院）分管日常工作的副校（院）长何毅亭同志欣然同意将《党校教员要"用学术讲政治"》作为本书的代序，是对我们工作的莫大鼓励和鞭策。中央党校出版集团总经理、中共中央党校出版社社长崔宪涛同志对本书的出版给予了精心的指导，中共中央党校出版社第四编辑室主任刘君、责任编辑卢馨尧等同志为本书的出版付出了大量的心血。在此，一并表示衷心的感谢！

中共江苏省委党校（江苏行政学院）常务副校（院）长桑学成担任教学改革专项课题的总策划，并审定全书。副校（院）长胡志军、教育长孙文华根据课题研究方案，多次对课题研究提出具体要求，并审阅了全书。参与课题研究的同志有：章凝、李建柱、钱秋月（《准确

后 记

把握"用学术讲政治"的科学内涵》),陈蔚、姚立才、蔡宗溢、种明富、陈明宏(《对标〈纲要〉和〈大纲〉 优化教学课程体系》),王金水(《党校教学贯彻习近平新时代中国特色社会主义思想课程体系和教学大纲研究》),梁三利、郭明(《"用学术讲政治"的类型划分与实现路径》),胡宗仁(《创新"教研咨一体化"体制机制研究》),盛华根、钱寿海、袁小慧、张璟(《有效提高党校决策咨询的组织化水平研究》),薛莉、李晗、姜赟恺(《提升组织化程度推动党校决策咨询高质量发展》),华涛、许爱梅、房冠辛(《加强教学专题学理支撑的对策研究》),吴青熹(《党校科研成果评价与激励机制创新研究》),张桂珍、种明富、杨红亮、王瑾(《党校学科建设更好服务主业主课研究》),刘伟、涂譞、于洴、马亭亭(《党校教学质量评价与激励约束机制研究》),李宗尧、孙耀武、王晓红、程超、彭飞、郁红(《省情教学单元贯彻"用学术讲政治"研究》),孙耀武、王晓红、李小珊、钱秋月(《经典著作导读教学单元贯彻"用学术讲政治"研究》),周延胜、武星(《党性教育单元贯彻"用学术讲政治"研究》),田伟、彭飞、袁小慧、谌玉洁、李建柱(《增强主体班教学的时代性针对性有效性研究》)。

中共江苏省委党校(江苏行政学院)原巡视员廖进研究员对全书的修改提出了宝贵的意见。严翅君、凌宁、杜贵阳、田伟、刘伟、姚立才、张强、杨红亮等同志负责了部分书稿的校阅工作。

由于时间紧,加之水平有限,在编审过程中难免存在疏漏,敬请各位同仁批评指正。

2020 年 12 月